酒店餐饮部
精细化管理与标准化服务

刘俊敏　编著

人民邮电出版社

北　京

图书在版编目（ＣＩＰ）数据

酒店餐饮部精细化管理与标准化服务 / 刘俊敏编著
. -- 北京：人民邮电出版社，2016.3
ISBN 978-7-115-41835-7

Ⅰ. ①酒… Ⅱ. ①刘… Ⅲ. ①饭店—经营管理 Ⅳ.
①F719.2

中国版本图书馆CIP数据核字(2016)第034179号

内 容 提 要

互联网技术和大数据技术的快速发展，给酒店行业带来了机遇与挑战。就酒店餐饮部来说，大数据带来的挑战和工作方式的变革是酒店管理人员，尤其是酒店餐饮服务人员不可回避的现实。

为了帮助酒店餐饮部在新形势下做好转型和精细化管理，提高竞争能力，提升内外部用户体验，本书从"精细化管理"和"标准化服务"两个角度出发，全面细化了酒店餐饮部岗位设置与规范制度设计、中餐厅精细化管理、西餐厅精细化管理、宴会厅精细化管理、咖啡厅精细化管理、酒吧精细化管理、中餐厨房精细化管理、西餐厨房精细化管理、管事处精细化管理9大工作事项。同时，为了方便读者直接开展相关工作，本书还给出了工作执行过程中所需的实用文书和表单。

本书适合酒店管理人员，尤其是餐饮部管理人员参考使用，也可以作为酒店餐饮部一线人员的岗位培训教材和高校酒店管理相关专业的教材教辅用书。

◆ 编　　著　刘俊敏
责任编辑　张国才
执行编辑　贾璐帆
责任印制　焦志炜

◆ 人民邮电出版社出版发行　　　北京市丰台区成寿寺路11号
邮编 100164　电子邮件 315@ ptpress. com. cn
网址 http://www. ptpress. com. cn
北京天宇星印刷厂印刷

◆ 开本：787×1092　1/16
印张：17.5　　　　　　　　　2016 年 3 月第 1 版
字数：150 千字　　　　　　　2025 年 10 月北京第 39 次印刷

定　价：49.00 元

读者服务热线：（010）81055656　印装质量热线：（010）81055316
反盗版热线：（010）81055315

前　言

　　互联网的快速发展，大数据的风起云涌，给传统的酒店业带来了机遇与挑战。有业内人士表示，酒店行业已经从"连锁时代"进入了"互联网时代"，急速扩张的互联网周边应用是酒店业未来发展的大趋势。但是，不管技术手段如何先进，服务手段如何创新，在这个行业，一餐一宿的质量和品质依旧重要，甚至可以说，用户体验和服务正在成为酒店行业竞争新的重心。

　　紧跟潮流、不断创新是"互联网＋"大潮对酒店业提出的新挑战、新要求，酒店业在迎接这个挑战的过程中，除了要引入互联网思维、应用互联网技术，更要回归商业的本质，找到用户真正的痛点、痒点，为用户创造价值。

　　为了帮助酒店业做好转型、提升服务质量，顺利实现"互联网＋"管理，普华经管联合弗布克管理咨询公司，从**"精细化管理"**和**"标准化服务"**两个最具价值，也是酒店业在互联网时代转型突围的重要角度入手，开发了《酒店财务部精细化管理与标准化服务》《酒店营销部精细化管理与标准化服务》《酒店餐饮部精细化管理与标准化服务》《酒店前厅部精细化管理与标准化服务》《酒店客房部精细化管理与标准化服务》共五本图书。

　　以上五本图书分别阐述了酒店财务部、营销部、餐饮部、前厅部、客房部五个部门的具体管理事项和工作标准。同时，为了迎合当下酒店业转型和"互联网＋"的趋势，加入了之前酒店管理类图书极少涉及的内容，比如大数据对酒店财务部管理的影响、餐饮部如何应用大数据、大数据在酒店前厅业务中的应用、"互联网＋"对酒店营销工作的影响、移动互联网在客房部运营中的应用等。

　　《酒店餐饮部精细化管理与标准化服务》一书对大数据时代酒店餐饮部的运作趋势进行了分析，并从新形势出发，对酒店餐饮部的**岗位设置**、**岗位职责**、**绩效目标**、**工作程序**、**关键问题**逐一展开论述。

　　岗位设置：针对酒店餐饮部提供的每一项服务，设定相应的服务岗位，明确岗位名称、岗位数量和层级关系。

岗位职责描述：针对餐饮部每一个具体的工作岗位，对岗位职责予以详细描述，明确任职者的具体工作事项和在组织中所处的位置。

岗位绩效考核：针对餐饮部每一个具体的服务岗位，设计考核内容、考核指标及目标值，以便于管理人员、人力资源部开展绩效考核评价工作。

工作程序：针对餐饮部常见的工作，本书均进行了工作程序和步骤设计，设定了明确、具体的服务目标，并指出关键问题点加以具体说明。

服务标准：针对酒店餐饮部每项具体工作需要达到的要求，本书给出了详尽的服务规范，让读者清楚了解每项服务的标准。

文书表单：针对酒店餐饮部的每项工作，本书提供了执行、落实过程中所需要的文书或表单，方便读者参照使用。

问题解决：针对酒店餐饮部在工作中常会遇到的问题，本书列出了可供读者借鉴的问题解决方案，有助于餐饮部服务人员参考解决现存的问题，预防可能会发生的问题。

综上所述，本书为酒店餐饮部的工作人员、培训者、管理者提供了一套**"拿来即用"**的**执行规范**和**工作方法**，是酒店餐饮部门必备的规范化管理实用书。

在本书编写的过程中，彭召霞、孙立宏、刘井学负责资料的收集和整理，贾月、邹霞、贾晶晶负责图表的编排，姚小风负责编写本书的第一章，刘俊敏负责编写本书的第二章，宋丽娜负责编写本书的第三章，高春燕负责编写本书的第四章，王佳锐负责编写本书的第五章，毛文静负责编写本书的第六章，阎晓霞负责编写本书的第七章，赵全梅负责编写本书的第八章，刘玉双负责编写本书的第九章，全书由刘俊敏统撰定稿。

目 录

第一章　餐饮部岗位设置与规范制度设计 ……………………………… 1

第一节　餐饮部服务事项与岗位设置 ………………………………… 3

　　一、大数据背景下的酒店餐饮服务发展 …………………………… 3

　　二、餐饮部服务事项 ………………………………………………… 3

　　三、餐饮部岗位设置 ………………………………………………… 5

第二节　餐饮部岗位职责描述 ………………………………………… 6

　　一、餐饮总监岗位职责 ……………………………………………… 6

　　二、餐饮部经理岗位职责 …………………………………………… 8

　　三、餐饮部副经理岗位职责 ………………………………………… 10

　　四、行政总厨岗位职责 ……………………………………………… 11

第三节　餐饮部岗位绩效考核量表 …………………………………… 14

　　一、餐饮总监绩效考核量表 ………………………………………… 14

　　二、餐饮部经理绩效考核量表 ……………………………………… 14

　　三、餐饮部副经理绩效考核量表 …………………………………… 15

　　四、行政总厨绩效考核量表 ………………………………………… 16

第四节　餐饮部服务标准与服务规范 ………………………………… 16

　　一、餐饮部员工服务标准 …………………………………………… 16

　　二、餐饮部员工上岗规范 …………………………………………… 17

第五节　餐饮部精细化管理制度设计 ………………………………… 18

　　一、餐饮部员工培训管理办法 ……………………………………… 18

　　二、餐饮部卫生清洁管理制度 ……………………………………… 20

　　三、餐饮部服务质量管理制度 ……………………………………… 23

　　四、餐厅人员服务礼仪规范 ………………………………………… 24

　　五、餐厅卫生工作检查细则 ………………………………………… 26

　　六、厨房工作人员管理规定 ………………………………………… 28

　　七、厨房交接班管理细则 …………………………………………… 29

第二章　中餐厅精细化管理 …………………………… 31

第一节　中餐厅岗位描述 …………………………… 33

一、中餐厅岗位设置 …………………………… 33

二、中餐厅经理岗位职责 …………………………… 34

三、中餐厅领班岗位职责 …………………………… 36

四、中餐厅迎宾员岗位职责 …………………………… 37

五、中餐厅服务员岗位职责 …………………………… 38

六、中餐厅划菜员岗位职责 …………………………… 39

七、中餐厅传菜员岗位职责 …………………………… 40

八、中餐厅酒水员岗位职责 …………………………… 41

九、客房送餐员岗位职责 …………………………… 42

第二节　中餐厅岗位绩效考核量表 …………………………… 43

一、中餐厅经理绩效考核量表 …………………………… 43

二、中餐厅领班绩效考核量表 …………………………… 44

三、中餐厅迎宾员绩效考核量表 …………………………… 44

四、中餐厅服务员绩效考核量表 …………………………… 45

五、中餐厅划菜员绩效考核量表 …………………………… 45

六、中餐厅传菜员绩效考核量表 …………………………… 45

七、中餐厅酒水员绩效考核量表 …………………………… 46

八、客房送餐员绩效考核量表 …………………………… 47

第三节　中餐厅工作程序与关键问题 …………………………… 48

一、电话预订程序与关键问题 …………………………… 48

二、现场预订程序与关键问题 …………………………… 49

三、铺台工作程序与关键问题 …………………………… 50

四、点菜工作程序与关键问题 …………………………… 51

五、酒水点单程序与关键问题 …………………………… 52

六、换烟灰缸程序与关键问题 …………………………… 53

七、餐盘更换程序与关键问题 …………………………… 54

八、客房送餐服务程序与关键问题 …………………………… 55

第四节　中餐厅服务标准与服务规范 …………………………… 56

一、零点客人迎送标准与规范 …………………………… 56

二、中餐铺台工作标准与规范 …………………………… 57

三、中餐点菜服务标准与规范 …………………………… 59

四、中餐酒水服务标准与规范 …………………………… 60

五、中餐席间服务标准与规范 …………………………… 62

　　六、中餐上菜服务标准与规范 ……………………………………………… 63

　　七、中餐分菜服务标准与规范 ……………………………………………… 65

　　八、中餐餐后服务标准与规范 ……………………………………………… 67

　　九、中餐结账服务标准与规范 ……………………………………………… 68

　　十、客房送餐与收餐服务规范 ……………………………………………… 70

第五节　中餐厅服务常用文书与表单 …………………………………………… 71

　　一、团队订餐单 ……………………………………………………………… 71

　　二、散客订餐单 ……………………………………………………………… 72

　　三、客人点菜单 ……………………………………………………………… 72

　　四、客人酒水单 ……………………………………………………………… 73

　　五、客房送餐记录表 ………………………………………………………… 73

　　六、中餐厅账单 ……………………………………………………………… 73

　　七、中餐厅每日经营台账 …………………………………………………… 74

　　八、菜品质量客人意见反馈表 ……………………………………………… 74

　　九、中餐厅员工月度考核汇总表 …………………………………………… 74

　　十、酒水标准成本与售价记录表 …………………………………………… 75

第六节　中餐厅服务质量提升问题解决方案 …………………………………… 75

　　一、中餐引座服务方案 ……………………………………………………… 75

　　二、中餐点菜推销方案 ……………………………………………………… 76

　　三、中餐上菜服务方案 ……………………………………………………… 77

　　四、中餐摆菜服务方案 ……………………………………………………… 78

　　五、餐盘撤换服务方案 ……………………………………………………… 79

　　六、酒水洒客身处理方案 …………………………………………………… 80

　　七、结束营业前对客服务方案 ……………………………………………… 80

第三章　西餐厅精细化管理 ……………………………………………………… 81

第一节　西餐厅岗位描述 ………………………………………………………… 83

　　一、西餐厅岗位设置 ………………………………………………………… 83

　　二、西餐厅经理岗位职责 …………………………………………………… 83

　　三、西餐厅领班岗位职责 …………………………………………………… 85

　　四、西餐厅迎宾员岗位职责 ………………………………………………… 87

　　五、西餐厅服务员岗位职责 ………………………………………………… 88

第二节　西餐厅岗位绩效考核量表 ……………………………………………… 89

　　一、西餐厅经理绩效考核量表 ……………………………………………… 89

　　二、西餐厅领班绩效考核量表 ……………………………………………… 89

　　三、西餐厅迎宾员绩效考核量表 …………………………………………… 90

四、西餐厅服务员绩效考核量表 ……………………………………………… 90

第三节　西餐厅工作程序与关键问题 ……………………………………… 91
一、西餐铺台工作程序与关键问题 ……………………………………… 91
二、西餐点菜工作程序与关键问题 ……………………………………… 92
三、西餐汤类服务程序与关键问题 ……………………………………… 93
四、自助餐服务程序与关键问题 ………………………………………… 94

第四节　西餐厅服务标准与服务规范 …………………………………… 95
一、西餐餐具配备与摆放规范 …………………………………………… 95
二、西餐领位服务标准与规范 …………………………………………… 97
三、西餐订单书写标准与规范 …………………………………………… 98
四、西餐上菜服务标准与规范 …………………………………………… 99
五、西餐巡台服务标准与规范 ………………………………………… 101
六、餐后酒服务标准与规范 …………………………………………… 102

第五节　西餐厅服务常用文书与表单 …………………………………… 104
一、西餐点菜单 ………………………………………………………… 104
二、西餐厅退菜统计表 ………………………………………………… 104
三、菜品月销售统计表 ………………………………………………… 105
四、西餐厅成本控制表 ………………………………………………… 106

第六节　西餐厅服务质量提升问题解决方案 …………………………… 106
一、西餐点菜服务方案 ………………………………………………… 106
二、自助餐巡台服务方案 ……………………………………………… 107
三、不能安排入座时处理方案 ………………………………………… 107
四、客人提出打折的处理方案 ………………………………………… 108

第四章　宴会厅精细化管理 …………………………………………… 109

第一节　宴会厅岗位描述 ………………………………………………… 111
一、宴会厅岗位设置 …………………………………………………… 111
二、宴会厅经理岗位职责 ……………………………………………… 112
三、宴会厅领班岗位职责 ……………………………………………… 114
四、宴会厅预订员岗位职责 …………………………………………… 115
五、宴会厅迎宾员岗位职责 …………………………………………… 116

第二节　宴会厅岗位绩效考核量表 ……………………………………… 117
一、宴会厅经理绩效考核量表 ………………………………………… 117
二、宴会厅领班绩效考核量表 ………………………………………… 117
三、宴会厅预订员绩效考核量表 ……………………………………… 118

四、宴会厅迎宾员绩效考核量表 ………………………………………… 118

第三节　宴会厅工作程序与关键问题 ………………………………………… 119
一、中餐宴会铺台工作程序与关键问题 ………………………………… 119
二、中餐宴会服务工作程序与关键问题 ………………………………… 120
三、西餐宴会摆台工作程序与关键问题 ………………………………… 121
四、西餐宴会服务工作程序与关键问题 ………………………………… 122
五、商务会议接待准备程序与关键问题 ………………………………… 123
六、商务会议服务工作程序与关键问题 ………………………………… 124

第四节　宴会厅服务标准与服务规范 ………………………………………… 125
一、宴会厅房检查标准 …………………………………………………… 125
二、中餐宴会服务规范 …………………………………………………… 126
三、中餐宴会摆台标准 …………………………………………………… 127
四、会议摆台服务规范 …………………………………………………… 129
五、宴会结账服务规范 …………………………………………………… 130
六、酒会服务工作规范 …………………………………………………… 131
七、茶歇服务工作规范 …………………………………………………… 132
八、签字仪式服务规范 …………………………………………………… 133
九、宴会迎送客人服务标准 ……………………………………………… 134
十、婚宴服务标准与服务规范 …………………………………………… 135
十一、酒店会议服务标准与规范 ………………………………………… 136

第五节　宴会厅服务常用文书与表单 ………………………………………… 138
一、宴会预订单 …………………………………………………………… 138
二、宴会接待通知单 ……………………………………………………… 138
三、宴会更改通知单 ……………………………………………………… 139
四、宴会服务安排表 ……………………………………………………… 139
五、宴会日经营状况表 …………………………………………………… 139
六、会议设施鲜花用品明细表 …………………………………………… 140

第六节　宴会厅服务质量提升问题解决方案 ………………………………… 140
一、宴会厅服务方案 ……………………………………………………… 140
二、宴会预订更改或取消服务方案 ……………………………………… 142

第五章　咖啡厅精细化管理 ……………………………………………………… 143
第一节　咖啡厅岗位描述 ……………………………………………………… 145
一、咖啡厅岗位设置 ……………………………………………………… 145
二、咖啡厅经理岗位职责 ………………………………………………… 145
三、咖啡厅领班岗位职责 ………………………………………………… 146

四、咖啡厅服务员岗位职责 ······················· 147

五、咖啡厅迎宾员岗位职责 ······················· 148

第二节　咖啡厅岗位绩效考核量表 ······················· 150

一、咖啡厅经理绩效考核量表 ······················· 150

二、咖啡厅领班绩效考核量表 ······················· 150

三、咖啡厅服务员绩效考核量表 ······················· 151

四、咖啡厅迎宾员绩效考核量表 ······················· 151

第三节　咖啡厅工作程序与关键问题 ······················· 152

一、英国茶服务程序与关键问题 ······················· 152

二、普通咖啡服务程序与关键问题 ······················· 153

三、早餐服务程序与关键问题 ······················· 154

四、咖啡制作服务程序与关键问题 ······················· 155

第四节　咖啡厅服务标准与服务规范 ······················· 156

一、咖啡厅服务标准 ······················· 156

二、咖啡厅安全操作规程 ······················· 157

三、甜品服务工作规范 ······················· 157

四、蛋糕预订服务规范 ······················· 158

五、摆台服务工作规范 ······················· 159

六、咖啡服务工作规范 ······················· 160

第五节　咖啡厅服务常用文书与表单 ······················· 161

一、咖啡厅用具采购申请单 ······················· 161

二、咖啡厅杂具采购申请单 ······················· 162

三、咖啡厅布草采购申请单 ······················· 163

四、咖啡厅钥匙领用记录表 ······················· 163

第六节　咖啡厅服务质量提升问题解决方案 ······················· 164

一、雪茄烟服务实施方案 ······················· 164

二、咖啡厅危机处理方案 ······················· 165

第六章　酒吧精细化管理 ······················· 167

第一节　酒吧岗位描述 ······················· 169

一、酒吧岗位设置 ······················· 169

二、酒吧经理岗位职责 ······················· 169

三、酒吧领班岗位职责 ······················· 170

四、酒吧调酒师岗位职责 ······················· 171

五、酒吧服务员岗位职责 ······················· 172

第二节　酒吧岗位绩效考核量表 ………………………………………………… 173
　　一、酒吧经理绩效考核量表 …………………………………………………… 173
　　二、酒吧领班绩效考核量表 …………………………………………………… 173
　　三、酒吧调酒师绩效考核量表 ………………………………………………… 174
　　四、酒吧服务员绩效考核量表 ………………………………………………… 174

第三节　酒吧工作程序与关键问题 …………………………………………… 175
　　一、点酒服务程序与关键问题 ………………………………………………… 175
　　二、调酒服务程序与关键问题 ………………………………………………… 176
　　三、酒吧酒水服务程序与关键问题 …………………………………………… 177

第四节　酒吧服务标准与服务规范 …………………………………………… 178
　　一、酒吧营业前准备工作标准 ………………………………………………… 178
　　二、调酒师调酒服务工作标准 ………………………………………………… 180
　　三、服务员开瓶服务工作标准 ………………………………………………… 180
　　四、酒吧营业结束后工作标准 ………………………………………………… 182
　　五、酒吧日常检查工作标准 …………………………………………………… 182

第五节　酒吧服务常用文书与表单 …………………………………………… 183
　　一、酒水点单 …………………………………………………………………… 183
　　二、酒水提取单 ………………………………………………………………… 184
　　三、瓶酒销售日报表 …………………………………………………………… 184
　　四、鸡尾酒销售日报表 ………………………………………………………… 184

第六节　酒吧服务质量提升问题解决方案 …………………………………… 185
　　一、酒水推销实施方案 ………………………………………………………… 185
　　二、客人醉酒处理方案 ………………………………………………………… 187

第七章　中餐厨房精细化管理 ……………………………………………… 189
第一节　中餐厨房岗位描述 …………………………………………………… 191
　　一、中餐厨房岗位设置 ………………………………………………………… 191
　　二、中厨厨师长岗位职责 ……………………………………………………… 192
　　三、粗加工厨师岗位职责 ……………………………………………………… 194
　　四、砧板厨师岗位职责 ………………………………………………………… 195
　　五、打荷厨师岗位职责 ………………………………………………………… 195
　　六、冷菜厨师岗位职责 ………………………………………………………… 197
　　七、炉灶厨师岗位职责 ………………………………………………………… 198
　　八、烧腊厨师岗位职责 ………………………………………………………… 199
　　九、面点厨师岗位职责 ………………………………………………………… 199

第二节 中餐厨房岗位绩效考核量表 ……………………………………………… 200

一、中厨厨师长绩效考核量表 …………………………………………………… 200

二、粗加工厨师绩效考核量表 …………………………………………………… 201

三、砧板厨师绩效考核量表 ……………………………………………………… 201

四、打荷厨师绩效考核量表 ……………………………………………………… 201

五、冷菜厨师绩效考核量表 ……………………………………………………… 202

六、炉灶厨师绩效考核量表 ……………………………………………………… 202

七、烧腊厨师绩效考核量表 ……………………………………………………… 203

八、面点厨师绩效考核量表 ……………………………………………………… 203

第三节 中餐厨房工作程序与关键问题 ………………………………………… 204

一、切配工作程序与关键问题 …………………………………………………… 204

二、原料腌制程序与关键问题 …………………………………………………… 205

三、冷菜工作程序与关键问题 …………………………………………………… 206

四、炉灶工作程序与关键问题 …………………………………………………… 207

五、蒸灶工作程序与关键问题 …………………………………………………… 208

六、划单工作程序与关键问题 …………………………………………………… 209

第四节 中餐厨房服务标准与服务规范 ………………………………………… 210

一、餐饮生产质量控制标准 ……………………………………………………… 210

二、餐饮生产成本控制规范 ……………………………………………………… 211

三、中餐厨房卫生管理规范 ……………………………………………………… 212

四、原料加工服务管理规范 ……………………………………………………… 213

五、冷菜制作服务操作规范 ……………………………………………………… 214

六、中餐厨房质量管理规范 ……………………………………………………… 214

七、中餐厨房出菜管理规范 ……………………………………………………… 216

八、厨房防火安全管理规范 ……………………………………………………… 217

第五节 中餐厨房常用文书与表单 ……………………………………………… 218

一、菜品信息通知单 ……………………………………………………………… 218

二、厨师业务管理档案 …………………………………………………………… 219

三、厨房菜品采购申请单 ………………………………………………………… 219

四、厨房菜品定额成本卡 ………………………………………………………… 219

五、厨房菜品处理记录表 ………………………………………………………… 220

六、厨房安全检查记录表 ………………………………………………………… 220

第六节 中餐厨房服务质量提升问题解决方案 ………………………………… 220

一、菜品质量问题控制方案 ……………………………………………………… 220

二、问题菜品应对方案 …………………………………………………………… 221

三、新菜式推出方案 ………………………………………… 222

第八章　西餐厨房精细化管理 ………………………………… 223

第一节　西餐厨房岗位描述 ……………………………………… 225

一、西餐厨房岗位设置 ………………………………………… 225

二、西厨厨师长岗位职责 ……………………………………… 226

三、初加工、切配厨师岗位职责 ……………………………… 227

四、冻房厨师岗位职责 ………………………………………… 228

五、热房厨师岗位职责 ………………………………………… 229

六、西饼房厨师岗位职责 ……………………………………… 229

第二节　西餐厨房岗位绩效考核量表 …………………………… 230

一、西厨厨师长绩效考核量表 ………………………………… 230

二、初加工、切配厨师绩效考核量表 ………………………… 231

三、冻房厨师绩效考核量表 …………………………………… 231

四、热房厨师绩效考核量表 …………………………………… 232

五、西饼房厨师绩效考核量表 ………………………………… 232

第三节　西餐厨房工作程序与关键问题 ………………………… 233

一、初加工、切配程序与关键问题 …………………………… 233

二、西餐冷盘制作程序与关键问题 …………………………… 234

三、西餐热菜制作程序与关键问题 …………………………… 235

四、西餐糕点制作程序与关键问题 …………………………… 235

五、糕点面团制作程序与关键问题 …………………………… 236

六、糕点馅制作程序与关键问题 ……………………………… 236

第四节　西餐厨房服务标准与服务规范 ………………………… 237

一、西餐厨房物品领用及验收规范 …………………………… 237

二、西餐厨房库存盘点工作标准 ……………………………… 238

第五节　西餐厨房常用文书与表单 ……………………………… 239

一、蛋糕预订单 ………………………………………………… 239

二、西餐菜品定额成本卡 ……………………………………… 239

三、西餐厨房日安全检查表 …………………………………… 240

四、西餐食品卫生检查表 ……………………………………… 240

第六节　西餐厨房服务质量提升问题解决方案 ………………… 241

一、西餐厨房食品保藏方案 …………………………………… 241

二、西餐厨房常见事故预防方案 ……………………………… 242

第九章　管事处精细化管理 …………………………………………………… 245

第一节　管事处岗位职责描述 ………………………………………… 247
一、管事处岗位设置 …………………………………………………… 247
二、管事经理岗位职责 ………………………………………………… 247
三、管事领班岗位职责 ………………………………………………… 248
四、洗碗工岗位职责 …………………………………………………… 249
五、物资管理员岗位职责 ……………………………………………… 250

第二节　管事处岗位绩效考核量表 …………………………………… 252
一、管事经理绩效考核量表 …………………………………………… 252
二、管事领班绩效考核量表 …………………………………………… 252
三、洗碗工绩效考核量表 ……………………………………………… 253
四、物资管理员绩效考核量表 ………………………………………… 253

第三节　管事处工作程序与关键问题 ………………………………… 254
一、餐具清洗程序与关键问题 ………………………………………… 254
二、洗碗机操作程序与关键问题 ……………………………………… 255
三、铜器清洁工作程序与关键问题 …………………………………… 256
四、银器清洗及抛光程序与关键问题 ………………………………… 257
五、餐具运送及存放程序与关键问题 ………………………………… 258
六、餐具领用及发放程序与关键问题 ………………………………… 259
七、清洁用品使用控制程序与关键问题 ……………………………… 260

第四节　管事处服务标准与服务规范 ………………………………… 261
一、管事处工作质量标准 ……………………………………………… 261
二、洗碗间卫生清洁规范 ……………………………………………… 262

第五节　管事处服务常用文书与表单 ………………………………… 262
一、管事处请购单 ……………………………………………………… 262
二、物品收货记录单 …………………………………………………… 263
三、餐具盘点明细表 …………………………………………………… 263
四、餐厨用具报损记录表 ……………………………………………… 263

第六节　管事处服务质量提升问题解决方案 ………………………… 264
一、设施设备清洁方案 ………………………………………………… 264
二、餐具破损控制方案 ………………………………………………… 265

岗位职责
+
绩效标准

工作程序
+
关键问题

执行技巧
+
解决方案

常用文书
+
工作表单

第一章

餐饮部岗位设置与规范制度设计

第一节　餐饮部服务事项与岗位设置

一、大数据背景下的酒店餐饮服务发展

近年来，餐饮 O2O 市场规模快速增长，大数据在酒店餐饮部业务发展中的应用日益广泛且深入。而大数据在酒店餐饮服务中的有效运用，使该服务实现了与当今飞速发展的互联网技术的有效结合，并逐步提高酒店餐饮部的服务质量。

大数据在酒店餐饮服务的应用主要体现在营销策略的制定上，具体说明如图 1-1 所示。

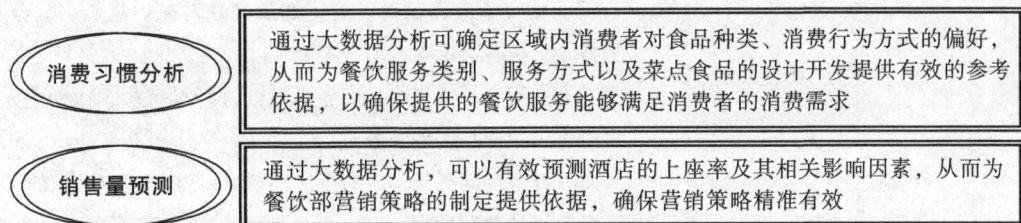

消费习惯分析 ── 通过大数据分析可确定区域内消费者对食品种类、消费行为方式的偏好，从而为餐饮服务类别、服务方式以及菜点食品的设计开发提供有效的参考依据，以确保提供的餐饮服务能够满足消费者的消费需求

销售量预测 ── 通过大数据分析，可以有效预测酒店的上座率及其相关影响因素，从而为餐饮部营销策略的制定提供依据，确保营销策略精准有效

图 1-1　酒店餐饮服务大数据应用说明

二、餐饮部服务事项

大数据在酒店餐饮服务中的广泛运用，使得酒店餐饮部业务开展得更快、更好。酒店餐饮部的服务事项如下表所示。

服务事项	服务工作任务	服务工作任务描述
一、餐饮产品开发与制作	1. 餐饮产品开发	(1) 组织消费者市场调查，进行数据分析整理 (2) 筹划设计、制作及更换本酒店的中西餐和自助餐的各类菜单 (3) 根据客人高层次的餐饮需求，将饮食与保健相结合，向客人提供营养配餐
	2. 餐饮产品制作	(1) 组织菜品、饮品的相关制作材料及餐饮服务相关用具用品的采购、验收与保管 (2) 组织各厨房的生产工作，监督食品制备，按规定的成本标准生产优质食品 (3) 检查、控制菜品出品的质量

（续）

服务事项	服务工作任务	服务工作任务描述
二、提供优质就餐服务	1. 零点服务	(1) 向住店客人及来店消费的客人提供零点用餐服务 (2) 指导包餐团队至指定地点用餐，并向客人提供用餐服务 (3) 向客人提供自助餐、特色餐的用餐服务 (4) 向光临咖啡厅、酒吧、茶座的客人提供各式服务 (5) 为住店客人提供订餐服务，按时为客人提供客房送餐服务 (6) 处理客人对餐饮产品、就餐服务等方面的投诉与抱怨
	2. 宴会服务	(1) 根据数据统计分析营业状况，制定宴会服务目标，确定服务类别 (2) 自行承接或承办营销部、前厅部预订处转来的宴会、酒会、招待会、商务会议等活动 (3) 在宴会、酒会、招待会、商务会议的进行过程中，协助主人做好客人招待与用餐服务 (4) 及时处理各种问题和客人的投诉，确保宴会、酒会、招待会、商务会议的顺利进行
三、提供完善的就餐保障服务	1. 餐饮卫生管理	(1) 严格按照环境卫生管理体系的要求，做好酒店餐饮的卫生清洁及菜品质量保证工作 (2) 做好厨房、餐厅、酒吧等处的清洁卫生，保证客人对菜品、环境的满意度 (3) 做好所有餐具、器皿的洗涤、消毒、分类存放、保管和控制 (4) 处理客人对菜品卫生的投诉或抱怨
	2. 餐饮服务质量管理	(1) 严格按照菜品质量管理体系的要求，做好酒店餐饮的菜品质量保证工作 (2) 建立科学、合理的餐饮服务制度，规范餐饮服务人员的行为，提高餐饮服务人员的服务质量 (3) 处理客人对菜品质量、服务质量方面的投诉与抱怨
	3. 餐饮服务成本管理	(1) 制定合理的预算，明确餐饮服务成本控制目标 (2) 制定有效的成本管控措施，保证经营目标的实现

三、餐饮部岗位设置

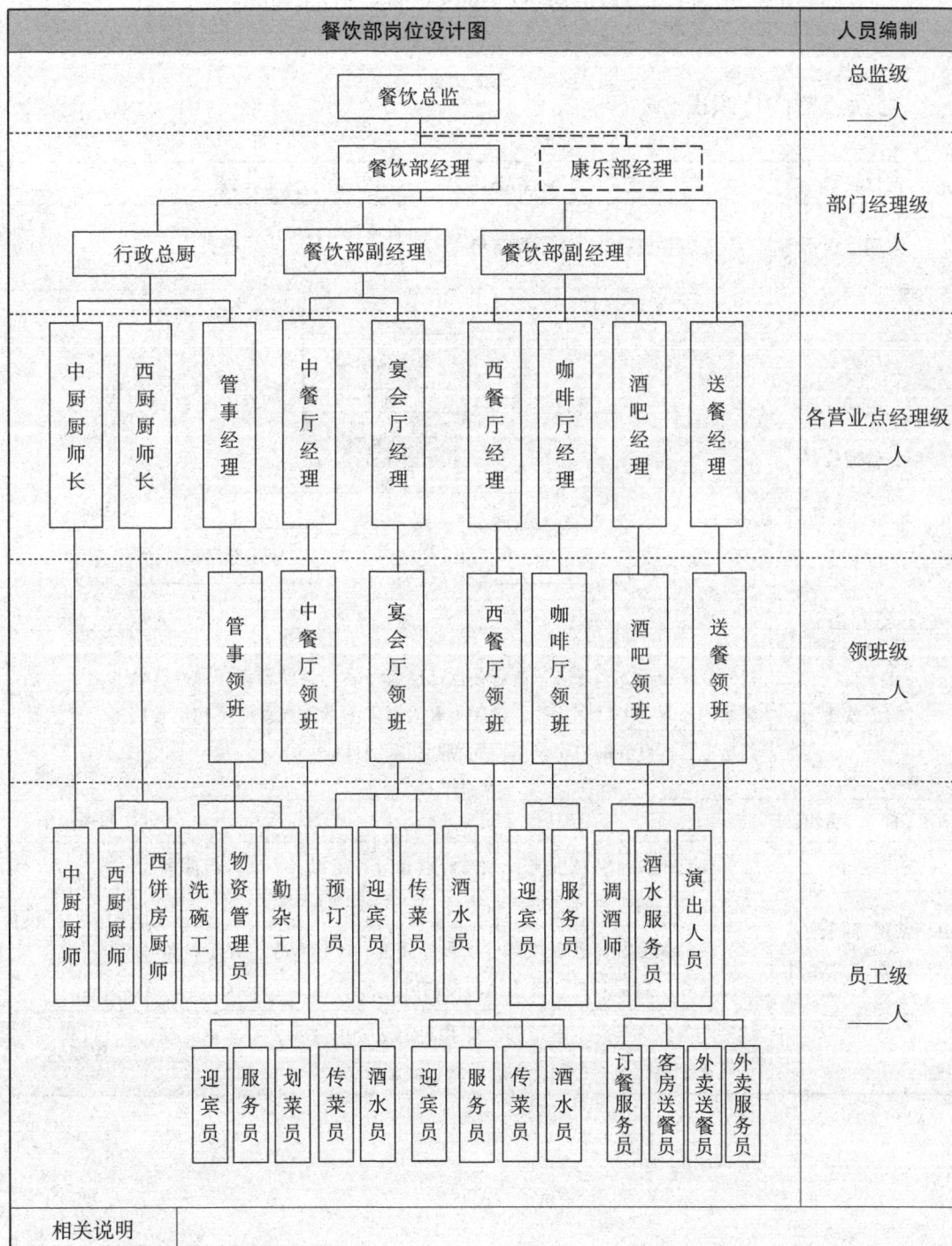

餐饮部岗位设计图	人员编制

餐饮部岗位设计图内容：

- **总监级** ___ 人
  - 餐饮总监
- **部门经理级** ___ 人
  - 餐饮部经理
  - 康乐部经理
  - 行政总厨
  - 餐饮部副经理
  - 餐饮部副经理
- **各营业点经理级** ___ 人
  - 中厨厨师长
  - 西厨厨师长
  - 管事经理
  - 中餐厅经理
  - 宴会厅经理
  - 西餐厅经理
  - 咖啡厅经理
  - 酒吧经理
  - 送餐经理
- **领班级** ___ 人
  - 管事领班
  - 中餐厅领班
  - 宴会厅领班
  - 西餐厅领班
  - 咖啡厅领班
  - 酒吧领班
  - 送餐领班
- **员工级** ___ 人
  - 中厨厨师
  - 西厨厨师
  - 西饼房厨师
  - 洗碗工
  - 物资管理员
  - 勤杂工
  - 预订员
  - 迎宾员
  - 传菜员
  - 酒水员
  - 迎宾员
  - 服务员
  - 调酒师
  - 酒水服务员
  - 演出人员
  - 迎宾员
  - 服务员
  - 划菜员
  - 传菜员
  - 酒水员
  - 迎宾员
  - 服务员
  - 传菜员
  - 酒水员
  - 订餐服务员
  - 客房送餐员
  - 外卖送餐员
  - 外卖服务员

相关说明

第二节　餐饮部岗位职责描述

一、餐饮总监岗位职责

岗位名称	餐饮总监	所属部门	酒店高层	编　　号	
直属上级	酒店总经理	直属下级	餐饮部经理 康乐部经理	晋升方向	

所处管理位置	

```
            酒店总经理
               │
            餐饮总监
          ┌────┴────┐
      餐饮部经理      康乐部经理
```

职责概述	在酒店总经理的领导下，制订餐饮部经营计划与各项预算，督导各营业点、中西厨房的日常业务顺利运作，确保为客人提供满意的饮食产品和用餐服务，并为部门员工营造良好的工作氛围，完成部门利润目标

职　　责	职责细分	职责类别
1. 编制部门经营计划及规范性文件	（1）制订餐饮部各项业务计划与经营预算，组织、协调、指挥和控制各营业点准确贯彻实施	周期性
	（2）主持编制和完善餐饮部各项服务规范和工作程序，并于日常工作中督促和检查员工认真贯彻执行	周期性
	（3）与餐饮部经理、康乐部经理共同定期分析营业成本，在此基础上制订成本控制计划，并督促实施	周期性

（续）

职　责	职责细分	职责类别
2. 各营业点的经营管理	（1）组织相关营业点做好有关菜品、饮品的销售工作	日常性
	（2）开餐时，巡视各营业点的运转情况，督导、检查各营业点的服务质量，广泛征集客人意见和建议，并组织落实改善工作	日常性
	（3）及时、认真地处理客人的投诉与抱怨，与客人建立良好的关系	特别工作
	（4）按月进行各营业点的经营活动分析，研究当月经营情况和预算控制情况，分析原因，提出改进措施	周期性
	（5）督促各营业点经理做好现场的卫生、安全工作，确保为客人提供清洁、舒适的用餐环境	日常性
	（6）组织中餐厅经理做好客房送餐工作	日常性
3. 厨房的运营管理	（1）督促餐饮部经理做好食品卫生、成本核算、食品价格、供应标准等工作，积极支持其对菜品的研究，不断推陈出新	日常性
	（2）审阅当日营业报表，掌握当日食材供应和厨房准备工作情况，与餐饮部经理协调做好准备工作	日常性
	（3）负责餐饮部的设施、设备及厨房用具的管理，拟订各项设备的添置、更新和改造计划，不断完善服务项目	日常性
	（4）督促餐饮部经理贯彻执行食品卫生制度，开展经常性的安全保卫、防火教育，确保厨房生产安全	日常性
4. 部门管理	（1）主持召开部门例会，落实酒店总经理布置的相关工作，解决工作中出现的问题，并把结果及工作建议向酒店总经理反馈	日常性
	（2）负责本部门安全和日常的质量管理工作，检查和督促各部门严格按照工作规程和质量标准进行工作，实行规范作业	日常性
	（3）做好各餐厅、酒吧的内部协调工作，以及与其他相关部门的沟通合作，尤其是协调好前台服务与厨房生产的关系	日常性
5. 员工管理	（1）提名任用各营业点负责人，递交酒店总经理审核	特别工作
	（2）协助酒店总经理制订餐饮部员工的各项培训计划，对员工进行业务培训，不断提高他们的服务水平	日常性
	（3）制定餐饮部各级管理人员和服务人员的考核标准，认真考核部门管理人员的日常工作业绩，以激发员工的士气和积极性	日常性

二、餐饮部经理岗位职责

岗位名称	餐饮部经理	所属部门	餐饮部	编 号	
直属上级	餐饮总监	**直属下级**	行政总厨 餐饮部副经理	**晋升方向**	

所处管理位置	

```
            餐饮总监
               │
          ┌────────────┐
          │ 餐饮部经理 │
          └────────────┘
               │
     ┌─────────┴──────────┐
  行政总厨          餐饮部副经理（2名）
```

职责概述	在餐饮总监的领导下，制订餐饮部经营计划与各项预算，督导各营业点、中西厨房的日常业务顺利运作，确保为客人提供满意的饮食产品和用餐服务，并为部门员工营造良好的工作氛围，完成部门利润目标

职 责	职责细分	职责类别
1. 编制部门经营计划及规范性文件	（1）制订餐饮部各项业务计划与经营预算，组织、协调、指挥和控制各营业点准确贯彻实施	周期性
	（2）主持编制和完善餐饮部各种服务规范和工作程序，并于日常工作中督促和检查员工认真贯彻执行	周期性
	（3）与餐饮总监、行政总厨共同定期分析营业成本，在此基础上制订成本控制计划，并督促实施	周期性
2. 各营业点的经营管理	（1）组织相关营业点做好有关菜品、饮品的销售工作	日常性
	（2）开餐时，巡视各营业点的运转情况，督导、检查各营业点的服务质量，广泛征集客人意见和建议，并组织落实改善工作	日常性
	（3）及时、认真地处理客人的投诉与抱怨，与客人建立良好的关系	特别工作
	（4）按月进行各营业点的经营活动分析，研究当月经营情况和预算控制情况，分析原因，提出改进措施	周期性
	（5）督促各营业点经理做好现场的卫生、安全工作，确保为客人提供清洁、舒适的用餐环境	日常性
	（6）组织中餐厅经理做好客房送餐工作	日常性

（续）

职　　责	职责细分	职责类别
3. 厨房的运营管理	（1）督促行政总厨做好食品卫生、成本核算、食品价格、供应标准等工作，积极支持其对菜品的研究，不断推陈出新	日常性
	（2）审阅当日营业报表，掌握当日食材供应和厨房准备工作情况，与行政总厨协调做好准备工作	日常性
	（3）负责餐饮部的设施、设备及厨房用具的管理，拟订各项设备的添置、更新和改造计划，不断完善服务项目	日常性
	（4）督促行政总厨做好厨房卫生和安全工作，贯彻执行食品卫生制度，开展经常性的安全保卫、防火教育，确保厨房生产安全	日常性
4. 部门管理	（1）主持召开部门例会，落实餐饮总监布置的相关工作，解决工作中出现的问题，并把结果及工作建议向餐饮总监反馈	日常性
	（2）负责本部门安全和日常的质量管理工作，检查和督促各部门严格按照工作规程和质量标准进行工作，实行规范作业	日常性
	（3）做好各餐厅、酒吧的内部协调工作，以及与其他相关部门的沟通合作，尤其是协调好前台服务与厨房生产的关系	日常性
5. 员工管理	（1）提名行政总厨、各营业点负责人的任用，递交餐饮总监审核	特别工作
	（2）协助餐饮总监制订餐饮部员工的各项培训计划，对员工进行业务培训，不断提高他们的服务水平	日常性
	（3）制定餐饮部各级管理人员和服务人员的考核标准，认真考核部门管理人员的日常工作业绩，以激发员工的士气和积极性	日常性

三、餐饮部副经理岗位职责

岗位名称	餐饮部副经理	所属部门	餐饮部	编　号	
直属上级	餐饮部经理	直属下级	相关营业点经理	晋升方向	

所处管理位置	<div style="text-align:center">餐饮部经理 ↓ 餐饮部副经理 ↓ 相关营业点经理</div>
职责概述	在餐饮部经理的领导下，负责相关营业点（中餐厅、宴会厅、西餐厅、咖啡厅、酒吧、茶艺馆等）的管理工作，督促下属领班和基层服务人员遵守酒店的各项规章制度与服务工作规范，落实各时间段的经营任务

职　责	职责细分	职责类别
1. 协助编制相关营业点的规范文件与经营计划	（1）协助餐饮部经理制定相关营业点的工作规范及相关制度，监督检查各项规范、制度的贯彻执行情况	周期性
	（2）协助餐饮部经理编制餐品、饮品的推销计划与策略，拟订重大节日、特殊活动的促销策划文案，并组织落实	日常性
	（3）协助餐饮部经理做好餐饮市场的调查分析工作，参与菜品成本分析与价格制定工作	日常性
	（4）参与制定相关营业点应达成的经营目标与各项预算	周期性
2. 负责相关营业点的经营管理	（1）负责相关营业点的营业时间和工作班次的安排，保证各营业点对客服务的正常运行	日常性
	（2）参与相关营业点的每日例会，布置当天的各项工作任务	日常性
	（3）组织相关营业点做好餐品、饮品的销售工作及重大节日、特殊活动的促销工作，确保完成营业任务目标	日常性
	（4）组织做好开餐或营业前的准备工作；营业高峰时，亲临现场指挥和督导现场的服务工作，确保服务质量	日常性
	（5）监督和检查清洁卫生、食品质量、服务质量、员工纪律及各项规范、制度在对客服务中的执行情况，发现问题及时予以指正	日常性
	（6）负责相关营业点的成本控制工作，尽力降低各项开支费用	日常性
	（7）审阅相关营业点的每日营业报表、每日记事簿及客人投诉记录，将当日的销售统计拟成经营报告，报餐饮部经理审阅	日常性

（续）

职　责	职责细分	职责类别
3. 负责相关部门、人员的协调工作	（1）参加重要客人的迎送工作，主动征求客人的意见，及时处理客人的投诉与抱怨，并不断改善服务质量	特别工作
	（2）与厨房及相关部门保持良好的合作关系，并根据季节差异、客源情况为厨房编制、更新菜单提供合理化建议	特别工作
4. 人员管理	（1）提名任免营业点负责人，报餐饮部经理审核	特别工作
	（2）编制相关营业点的员工培训计划，并定期组织员工学习服务技巧与技能，不断提高员工的整体服务水平	周期性
	（3）负责相关营业点负责人及领班的考核与评估工作，并落实绩效奖惩制度	日常性

四、行政总厨岗位职责

岗位名称	行政总厨	所属部门	餐饮部	编　号	
直属上级	餐饮部经理	直属下级	各厨房厨师长、管事处经理	晋升方向	
所处管理位置					
职责概述	在餐饮部经理的领导下，全面负责厨房运转的指挥和管理工作，监督菜品的准备工作，按照酒店规定的成本制作出优质的菜品				

所处管理位置图：

餐饮部经理 → 行政总厨、餐饮部副经理

行政总厨 → 各厨房厨师长、管事处经理

（续）

职　　责	职责细分	职责类别
1. 协助并主持编制各厨房的运营计划与规范性文件	（1）根据餐饮部的经营目标和酒店下达的生产任务，协助餐饮部经理制订各厨房的运营计划，并在财务部的指导下编制成本预算	周期性
	（2）主持编制各厨房的管理制度、操作规程及岗位责任制，并监督、检查各级人员对制度、规程的贯彻执行情况	周期性
	（3）参加酒店及餐饮部召开的相关会议，落实执行与厨房工作有关的会议内容；主持召开各厨房的工作会议	日常性
2. 菜品开发与菜单设计	（1）根据酒店各餐厅的特点和要求，设计富有特色的菜品，编制各厨房的菜谱，审定各菜品的规格	日常性
	（2）根据市场需求变化和各餐厅的经营目标与方针，督导各厨房厨师长及时调整与更换菜单，并在审核后实施	周期性
	（3）根据客人反馈的意见及各菜品的销售情况，定期推出特色菜，积极打造品牌菜	日常性
3. 厨房生产的组织开展与管理	（1）协调中、西餐厨房工作及厨房与其他部门之间的关系，根据厨师的业务能力和技术特长，决定各岗位的人员安排和工作调动	日常性
	（2）根据各岗位的生产特点和餐厅营业状况，编制厨房工作时间表，检查下属对员工的考勤工作	日常性
	（3）负责菜品出品质量的抽查和控制工作，检查各厨房的日常性工作，督导员工按规范操作，发现问题及时提出改进措施	日常性
	（4）协助餐饮部经理做好重要接待活动（如宴会、贵宾接待和食品节、美食节）的策划、组织和落实工作，必要时亲自烹制主要菜品，以保证菜品质量，提高酒店声誉	特别工作
	（5）检查厨房用具及设施设备的清洁、安全及完好状况，检查厨房食品及环境的清洁卫生状况，发现问题及时解决	日常性
	（6）主动咨询、了解客人对菜品的质量和供应方面的意见，采取有效措施进行改进，负责处理客人对菜品质量的投诉	日常性

（续）

职　　责	职责细分	职责类别
4. 食材、厨房设备及用具的管理	（1）根据各厨房食材的使用情况及仓库存货数量，制订食材采购计划，严格控制食材的进货质量	日常性
	（2）负责贵重食材的申购、验收、申领、使用等各环节的检查控制	特别工作
	（3）签发食材申购单、领料单，督导各厨房每日做好鲜货原料的质量把关工作，并做好厨房用料使用报表，发现问题及时纠正	日常性
	（4）督导各厨房厨师长对厨房设备、用具等进行科学管理，审定厨房设备及用具的更换与添置计划	日常性
5. 食品生产成本控制	（1）定期总结分析生产经营情况，改进生产工艺，准确控制成本，促使厨房的生产质量和经济效益不断提高	周期性
	（2）根据各餐厅预算和经营定位，会同各餐厅经理研究零点、宴会、团队餐饮等用餐形式的毛利率标准，控制成本核算，报相关领导审批后，督导各厨房实施	周期性
	（3）检查厨房物料损耗和使用情况，控制菜品的装盘、规格和数量，把好质量关，减少损耗，降低成本	日常性
6. 员工管理	（1）拟订各厨房的人员编制计划，提名任免各厨房厨师长，提交餐饮部经理审核、餐饮总监审批	特别工作
	（2）组织各厨房厨师长定期参加业务研讨和对外交流活动，学习烹饪新技术	周期性
	（3）拟订培训计划，定期开展厨师长的技术培训，做好各厨房厨师长的考核、评估工作	日常性

第三节 餐饮部岗位绩效考核量表

一、餐饮总监绩效考核量表

序号	考核内容	考核指标及目标值	考核实施	
			考核人	考核结果
1	确定餐饮康乐系统的经营计划	餐饮系统经营计划完成率为____%		
		康乐系统经营计划完成率为____%		
2	对餐饮系统各营业点的日常管理	各营业点的营业毛利额共达____元		
3	对康乐系统各营业点的日常管理	各营业点的月营业额共达____元		
4	对厨房运营情况的管理	食材库存资金周转天数为____天		
5	对餐饮、康乐系统的运营成本进行控制	经营成本节约率达____%		
6	按时提交各项经营计划，每周按时提交本周的效益分析报告	各项经营计划按时提交，迟交或未交次数不得超过____次		
		周效益分析报告按时提交率为100%		

二、餐饮部经理绩效考核量表

序号	考核内容	考核指标及目标值	考核实施	
			考核人	考核结果
1	组织各营业点完成餐饮部的经营目标	餐饮毛利额达____元（毛利率应达____%）		
2	督导各营业点的日常营业工作	餐饮营业额达____元		
3	组织完成菜品、饮品的销售工作	餐饮销售计划达成率达100%		

（续）

序号	考核内容	考核指标及目标值	考核实施	
			考核人	考核结果
4	督导行政总厨做好厨房的生产工作，并做好卫生及安全工作	菜品花样翻新率达____%		
		厨房卫生清洁达标率达____%		
		食品质量合格率达____%		
		食材采购计划完成率达____%		
5	及时处理客人的投诉与抱怨	客人投诉及时解决率达100%		
		客人满意度评分平均达____分		
6	组织做好餐饮运营成本的计划、控制与考核工作	餐饮运营成本得到有效控制，费用节省率达____%		
7	组织管事处经理做好餐饮设施、设备、餐具的保管工作	餐饮设施设备完好率达____%		
		餐具破损率控制在____%以内		
8	负责下属员工的培养、考核工作	核心员工流失率不超过____%		

三、餐饮部副经理绩效考核量表

序号	考核内容	考核指标及目标值	考核实施	
			考核人	考核结果
1	确定所负责营业点的经营计划与目标	所负责营业点营业额计划完成率达____%		
2	做好所负责营业点的营业工作	相关营业点的营业收入达____元（毛利额达到____元）		
		中、西餐厅单台消费标准达____元/台		
		宴会厅的单场消费标准达____元/场		
		咖啡厅、酒吧、茶艺馆等人均消费标准达____元/人		
3	为客人提供优质服务，及时处理客人的投诉	客人服务满意度评分平均达____分		
		客人有效投诉及时解决率达____%		
4	抓好所负责营业点的清洁卫生、营业秩序	所负责营业点的卫生清洁达标率为100%		
		营业秩序良好，无不良影响事故发生		
5	下属员工的培养与考核	核心员工流失率不超过____%		

四、行政总厨绩效考核量表

序号	考核内容	考核指标及目标值	考核实施	
			考核人	考核结果
1	制定各厨房的生产任务目标，并组织落实	中厨房实现菜品年产值达____元		
		西厨房实现菜品年产值达____元		
2	菜品开发、菜单设计与更新工作	菜品花样翻新率达____%		
		新菜品销售收入达____元		
3	厨房生产活动的组织开展与管理	食品质量合格率达____%		
		厨房卫生清洁达标率达____%		
		厨房设施设备完好率达____%		
4	食材的管理	食材采购计划完成率达____%		
		食材库存资金周转天数为____天		
		食材质量合格率达____%		
5	菜品生产成本的控制	各式菜品生产成本不超过预算，节约率达____%		
6	各厨房厨师长、技师的培养与考核	核心员工流失率不超过____%		

第四节　餐饮部服务标准与服务规范

一、餐饮部员工服务标准

酒店餐饮部服务标准与服务规范文件		文件编号		版本	
标题	餐饮部员工服务标准	发放日期			

1. 推行差异化和无差异化相结合的服务

（1）差异化服务。考虑前来用餐的客人的性别、国籍、宗教信仰和个人喜好等差异，尊重他们的就餐习惯和餐饮需求，提供差异化的服务。

（2）无差异化服务。即不考虑用餐客人的穿着差异、个性差异、性格差异，一律做到服务上的热情、周到、主动和耐心。

（续）

2. 推行针对不同客人的超值服务

针对不同客人的不同需求提供服务，不仅要提供高质量的菜品和酒水，而且在就餐时间、就餐人数、就餐费用折扣等方面提供符合客人心理预期的超值服务。

3. 推行微笑服务

（1）在意识上树立"客人是上帝"的基本服务理念。

（2）在面部表情、语言表达与行为举止三个方面落实微笑服务的要求。对客人要有发自内心的热情，做到自然地微笑、自信地微笑，让客人感到亲切和礼貌。

4. 规范服务用语

（1）使用礼貌用语，用尊称招呼客人。

（2）客人进入时要有迎候语。

（3）与客人见面时要有问候语。

（4）提醒客人时要用关照语。

（5）召唤客人时要用应答语。

（6）得到客人的付款、协助或谅解时要有致谢语。

（7）客人致谢时要用回谢语。

（8）未满足客人需要或给客人带来麻烦时，要有致歉语。

（9）客人着急或感到为难时，要及时给予安慰。

（10）客人离店时要有告别语。

签 阅 栏	签收人请注意：在此签字时，表示您同意以下两点内容。 1. 本人保证严格按此文件要求执行。 2. 本人有责任在发现问题时，第一时间向本文件审批人提出修改意见。			
相关说明				
编制人员		审核人员		审批人员
编制日期		审核日期		审批日期

二、餐饮部员工上岗规范

酒店餐饮部服务标准与服务规范文件		文件编号		版本
标题	餐饮部员工上岗规范	发放日期		

1. 按规定穿好工作服，工作服应保持整洁、干净，不得有开线和纽扣脱落的现象。

2. 佩戴工牌。工牌应戴在左胸上方，易于客人辨认。

（续）

3. 女服务员穿规定的长筒丝袜，丝袜不得有破洞或跳丝；男服务员穿黑色皮鞋，皮鞋应该保持干净。

4. 上岗前检查个人卫生，保持面部干净，口腔清洁、无异味。

5. 女服务员应保持清雅淡妆，适当施抹粉底、腮红、眼影等，口红应选用适宜的颜色；男服务员应注意个人卫生，刮净胡须，剃短头发。女服务员不得将长发披在肩上，应按规定将长发盘入发网；男服务员的头发长度不得超过发际。

6. 指甲剪短，任何服务员不得涂抹指甲油。

7. 工作时间不得佩戴除手表外的任何饰物，如戒指、手镯、耳环等；若戴发卡和头花，则发卡和头花的颜色一律为深色。

8. 提前5分钟到岗并签到，应确保每一天都精神饱满地开始一天的工作。

签阅栏	签收人请注意：在此签字时，表示您同意以下两点内容。 1. 本人保证严格按此文件要求执行。 2. 本人有责任在发现问题时，第一时间向本文件审批人提出修改意见。		
相关说明			
编制人员		审核人员		审批人员	
编制日期		审核日期		审批日期	

第五节　餐饮部精细化管理制度设计

一、餐饮部员工培训管理办法

制度名称	餐饮部员工培训管理办法		受控状态	
			编　号	
执行部门		监督部门	考证部门	

第1章　总则

第1条　按照培训工作分级管理的规定，根据本部门培训计划，由餐饮部经理牵头，各餐厅经理、厨师长、餐厅主管（领班）负责组织落实各岗位员工的岗位培训。

第2条　必须坚持部门新进员工"先培训，后上岗"的原则，所有员工必须经培训合格后才能上岗。

（续）

第3条　餐饮部经理必须制订切实可行的年度培训计划，让所有员工都清楚培训时间、培训内容和培训目的等。

第2章　餐饮部员工培训体系

第4条　餐饮部员工培训的主要方式有：新员工上岗培训、在职培训、轮岗培训。

第5条　餐饮部员工培训的方法主要有：实习、课堂讲授、角色扮演、案例分析等。

第6条　餐饮部员工培训的内容主要包括职业道德、服务态度、服务技能、服务知识和工作技能等。

第7条　由人力资源部分配到餐饮部的新进员工，先由所属营业点的管理人员进行规章制度、岗位职责和业务技能培训后，落实到班组专人带教，见习上岗，待培训结束进行培训成绩评估后，报人力资源部。

第8条　厨师和员工的岗位晋升培训，由厨师长、餐厅主管（领班）从餐饮经营的发展需要出发，根据各岗位的要求与员工岗位技能情况，按培训内容和培训学时，负责组织落实并参与讲课培训。

1. 厨师岗位的晋升培训可采用拜师带教的形式，既可自行择师，又可由厨师长安排指定，师徒结对，并定期安排厨师长追踪评估。

2. 员工的岗位晋升培训，于每期结束后将个人的培训考核评估结果上报餐饮部经理。

第9条　外单位委托培训，由人力资源部分配任务，根据岗位工种派至相关岗位进行岗位技能培训。培训结束后，由带教人员进行考核评估。

第3章　餐饮部员工培训的实施

第10条　酒店人力资源部应建立培训员制度，具体落实培训计划。

第11条　培训员在开展培训前应充分备课并注重效果。

第12条　受训人员应遵守培训和课堂纪律，认真记录，积极参与。

第13条　任何形式的培训，都应对其结果进行评估，评估成绩存入个人业务档案，对培训成绩优异者给予一定奖励。

第14条　餐饮部要做好员工的教育培训档案，详细记载员工接受培训的考核评估记录。

第4章　附则

第15条　本办法由酒店人力资源部负责制定与解释，由餐饮部组织实施。

签阅栏	我已收到"餐饮部员工培训管理办法"（编号：＿＿＿），并认真阅读完毕。我同意遵守办法中的相关规定，也同意酒店有权根据实际的经营情况修改本办法。		
相关说明			
编制日期	审核日期		批准日期	
修改标记	修改处数		修改日期	

二、餐饮部卫生清洁管理制度

制度 名称	餐饮部卫生清洁管理制度		受控状态	
			编　号	
执行部门		监督部门	考证部门	

第1章　总则

第1条　为了保证向客人提供合格、卫生的餐饮产品，提供清洁、舒适的就餐环境，保证客人对餐饮服务的满意度，根据国家食品卫生管理法规及相关条例，结合本酒店的实际情况，特制定本制度。

第2章　员工个人卫生管理

第2条　从事餐饮工作的员工每年必须接受体检，持健康证上岗。

第3条　员工应坚持"四勤"：勤洗手、修指甲；勤理发、洗澡；勤洗衣服、晒被褥；勤换工作服。

第4条　员工工作前后应洗手，上岗时须着工作服，厨房员工还须戴卫生帽。

第5条　女员工不留长指甲，不涂指甲油，不浓妆艳抹，不喷过多香水，不佩戴除婚戒外的其他首饰。

第6条　男员工不留长发；女员工头发不过肩，应将头发束起，不得披发上岗。

第7条　餐饮部厨房员工及各营业点的员工在工作时应遵守以下"四不"。

1. 不得随地吐痰。

2. 不许对着食品咳嗽、讲话、打喷嚏。

3. 不得在营业区域内吸烟、嚼口香糖、梳理头发、修剪指甲。

4. 不准在客人面前出现掏耳、剔牙、抓头皮、打哈欠、抠鼻孔等不雅行为。

第8条　员工就餐前或如厕后必须洗手。

第3章　食品生产卫生管理

第9条　酒店应有与产品品种、数量相适应的食品原料处理、加工、储存等场所。

第10条　酒店应有相应的消毒、照明、通风、防腐、防尘、防蝇、防鼠、污水排放、存放垃圾和废弃物等设施。

第11条　酒店厨房应备有"三水"（消毒水、洗涤水、过滤水），配比应符合要求。

第12条　厨房卫生实行卫生包干责任制，由专人负责，并由各厨房的厨师长负责本厨房的整体卫生。

第13条　食品生产经营人员每年必须进行健康检查，新参加工作或临时参加工作的食品生产经营人员必须进行健康检查；如发现员工患有任何一种传染病，要立即调离工作岗位。

第14条　凡患有痢疾、伤寒、病毒性肝炎等消化道传染病（包括病原体携带者）、活动性肺结核、化脓性或者渗出性皮肤病以及其他有碍食品卫生的疾病的人员，不得进行有关直接入口食品的工作。

第15条　厨师应当保持个人卫生，在工作时必须将手洗干净，穿戴清洁的工作衣、帽。

（续）

第16条　厨师进入冷菜间和饼房时，必须穿戴整洁的工作衣、帽、口罩，洗手消毒，厨房设紫外线消毒设备。

第17条　非厨房工作人员不得进入厨房，厨房内不得存放杂物和私人物品。

第18条　厨房在餐前、餐后均要清扫卫生，保持厨房内外环境的整洁，地面无油垢积水，并采取消除苍蝇、蟑螂、老鼠和其他有害昆虫的措施，与有毒、有害场所保持规定的距离。

第19条　在食品生产过程中防止生食品与熟食品、原料与成品交叉污染。

第20条　严格把好食品卫生关，认真执行食品卫生法，不得使用超过保存期限的食品或食品原料，不得生产不卫生的食品和饮料。

第21条　食品原料要求新鲜卫生，生熟分开，隔夜食品必须回烧，冷餐食品及烧熟的食品冷却后必须用保鲜膜覆盖。

第22条　肉禽、水产品不着地堆放，荤素食品应分池清洗。

第23条　冰箱内的食品应分类存放，做到生熟分开，荤素分开，成品与半成品分开，鱼、肉分开，先进先用；半成品进冰箱须盖保鲜膜，防止污染串味。

第24条　冰箱定期除霜除尘，冰箱清洗后做到无油垢、无异味、无血水。

第25条　厨房内的用具设备清洁，橱柜、台面抽屉整齐无垃圾。

第26条　保持灶台清洁，无积垢、无残渣，操作台辅料、调料容器有盖。

第27条　刀、墩、案、盆、容器、冰箱、柜橱、加工设备、盖布等每日清洗，定期消毒，有专人负责。

第28条　做好全班卫生收尾工作，每餐结束后做到所有食品进冰箱或有遮盖，调料容器上盖，垃圾桶倒清后盖好，用具、容器放整齐。

第4章　食品储存卫生管理

第29条　食品储存卫生管理的目的在于控制食品的腐败变质，保持食品固有的性态，保持食品中的营养素，延长食品可供食用的期限，以满足酒店供应的需要。

第30条　食品仓库要保持清洁，要有良好的通风设备，有健全的清洁卫生制度。

第31条　酒店内储存食品的基本卫生要求：做到防霉、防鼠、防虫，控制温度及湿度，并定期进行食品库房的清扫和消毒，减少外界因素对食品的污染。

第32条　食品在仓库中的堆放应留有足够的空隙，不应过于密集，一般应与地板和墙壁保持20厘米的距离。

第33条　各类食品应分类存放，而下列五类物品不得混杂堆放。

1. 食品与非食品。

2. 原料与半成品。

3. 卫生质量存在问题的食品与正常食品。

4. 只能短期存放与能长期存放的食品。

5. 具有异味的食品与易于吸收异味的食品。

（续）

第34条　对入库的食品应做好验收工作，变质食品不得入库，要对库存食品定期进行卫生质量检验。

第35条　冷藏库要保证冷凝管上不结霜，易碎物品（例如灯泡）要严格防碰撞，要用铁丝网罩盖。

第36条　对库存食品应做到"先进先出"，加快周转，尽量缩短储存期。

第5章　餐厅服务卫生管理规范

第37条　餐厅的卫生要实行卫生责任制，由专人负责，餐厅主管或领班负责本餐厅的整体卫生。

第38条　保持营业场所桌椅的清洁卫生，做到门窗清洁，墙面、天花板无积灰、无蛛网。

第39条　保持工作场所的整洁卫生，各类餐具柜、布草柜、橱柜里摆放的各类物品整齐清洁，保持地面干净、无污渍。

第40条　各种餐具、茶具、水杯和盛放直接入口食品的容器、工具、设备必须符合食品卫生要求，必须做好清洗消毒工作，防止二次污染。

第41条　保持餐厅各种辅助用品（如台号、酒单、花瓶）的清洁完好，做到无污渍、无油腻、无破损。

第42条　取用冰块时要用消毒过的冰夹，不能直接用手拿取。

第43条　销售的食品应当无毒、无害，符合营养要求，具有相应的色、香、味等感官性状。

第44条　酒店餐厅不得销售任何对人体健康有害的腐败变质的食品。

第45条　各餐厅经理应经常对接触到食品的工作人员进行有关食品卫生的教育。

第46条　餐厅服务员端菜或取送入口的用具时，要使用托盘。

第47条　餐厅服务员取送食品与上菜时，严禁挠头摸脸，或对着食品咳嗽、打喷嚏，勿用手抓碗口或匙羹的入口端。

第48条　严格执行铺台、上菜、上饮品的操作卫生要求。

第49条　所有在岗位人员应于服务过程中留心观察就餐者，如发现患病者，应对其所用餐具进行单独存放，重点消毒。

第6章　餐具卫生管理

第50条　每天清洗并用开水浸烫使用过的抹布、垫布，以杀灭细菌。

第51条　托盘等工具要保持清洁。

1. 无油腻、无水渍、无细菌。

2. 坚持"刮、洗、过、消毒"四环节。

（1）刮——餐具洗涤前先刮去盘、碗中的剩菜、剩汤，进行大、小餐具分类，分别清洗。

（2）洗——较油腻的盘碗需用热水清洗，放碱或洗洁精去油腻。

（3）过——洗涤后用清水冲洗过清。

（4）消毒——对所有盛装直接进口食物、饮料的杯盘碗碟及各类小件餐具进行消毒。

（续）

第7章　附则

第52条　本制度由餐饮部经理负责制定或修订，报餐饮总监审核、酒店总经理审批后开始执行。

第53条　本制度解释权归公司餐饮总监。

签阅栏		我已收到"餐饮部卫生清洁管理制度"（编号：＿＿＿），并认真阅读完毕。我同意遵守制度中的相关规定，也同意酒店有权根据实际的经营情况修改本制度。	
相关说明			
编制日期		审核日期	批准日期
修改标记		修改处数	修改日期

三、餐饮部服务质量管理制度

制度 名称	餐饮部服务质量管理制度		受控状态	
			编　号	
执行部门		监督部门	考证部门	

第1条　餐饮部服务质量管理旨在及时发现餐饮服务工作中存在的问题，并采取相应的措施，在原有基础上达到改进和提高服务质量的目的。

第2条　餐饮部服务质量管理体系。

1. 餐饮部服务质量管理按垂直领导体制，严格实施逐级向上负责、逐级向下考核的质量管理责任制。

2. 餐饮部应划分质量监督范围，建立质量监督检查网络，作为部门的一个管理子系统，保证质量管理的连续性和稳定性。

第3条　餐饮部服务质量监督检查的依据。

餐饮部服务质量监督检查工作必须根据国家旅游局评星标准及评分原则，结合酒店规定的管理制度、服务工作规程、质量标准等进行，必须坚持"让客人完全满意"的服务宗旨。

第4条　餐饮部服务质量监督检查的方式、方法。

1. 采取每日例行检查与突击检查相结合、专项检查与全面检查相结合、明查与暗查相结合的方式。

2. 用电话询问、口头提问、用餐、客人意见反馈等方法。

第5条　餐饮部服务质量监督检查的内容。

1. 餐饮部服务质量监督检查主要以菜品质量、餐厅卫生、设备保养、服务态度、仪表仪容、服务技能、服务程序和服务知识等为主。

（续）

2. 菜品质量应按食品卫生和厨房工作规范严格操作生产，严格把关，坚持质量不合格的菜品绝不出厨房。

第6条 餐饮部服务质量监督检查工作的开展。

1. 餐饮部定期组织经理级以上人员对各营业点的服务质量进行检查。

2. 餐饮部经理应采取定期或随时抽查的方式对营业点在开餐过程中的服务质量进行检查。

3. 各营业点的各级管理人员要加强现场管理和督导，并做好逐日考核记录以作为奖罚的依据，并将质量管理情况和改进措施在每周例会上汇报讨论。

4. 各营业点应设立"客人意见征求簿"，及时处理客人的投诉，并做好统计反馈工作，各管区主管和领班应经常征求订餐客人和接待单位的意见；后台部门应征求前台部门的意见，了解客人的质量反馈。

5. 聘请专家对餐饮服务质量进行临时暗访检查。

第7条 各级检查人员应对检查结果进行认真记录，并公布检查结果。

第8条 对各管区的质量及时分析评估并作出报告，定期开展交流和评比活动。

第9条 对检查出的质量问题，必须制定切实可行的改进措施并限期改正，检查者必须认真负责、实事求是、处事公正。

第10条 为了确保质量管理工作的严肃性，做到有案可查，餐饮部应建立员工工作质量档案和各级管理人员工作质量档案。

签 阅 栏		我已收到"餐饮部服务质量管理制度"（编号：____），并认真阅读完毕。我同意遵守制度中的相关规定，也同意酒店有权根据实际的经营情况修改本制度。	
相关说明			
编制日期		审核日期	批准日期
修改标记		修改处数	修改日期

四、餐厅人员服务礼仪规范

制度名称		餐厅人员服务礼仪规范	受控状态	
			编 号	
执行部门		监督部门	考证部门	

第1条 餐厅服务人员上岗时不得佩戴戒指等饰物，不留长头发、长指甲，要保持良好的仪容仪表。

第2条 餐厅服务人员在餐厅中不得大声讲话，避免与同事说笑打闹；不得有不雅之举，如用手触摸头脸或将手置于口袋中等。

（续）

第3条　餐厅服务人员不可在工作区域内抽烟，不得嚼口香糖、槟榔等，不得照镜子、梳头发或化妆。

第4条　餐厅服务人员于开餐时间站立服务，站姿要端正，符合规范要求。

1. 不得双手交叉抱胸或搔痒。

2. 不得在客人面前打哈欠，忍不住打喷嚏或咳嗽时要使用手帕或面纸遮掩，并于事后马上洗手。

3. 不得在客人面前计算小费或看手表。

第5条　要始终保持良好的仪容仪表，有礼貌地接待客人，尽量记住常客的习惯与喜好的菜式。

第6条　按规定摆台，台面物品要摆放齐全，桌椅排列整齐；客人用过的烟灰缸一定要及时换掉。

第7条　服务客人前，要检查点菜单、酒单、收银夹是否准备妥当。

第8条　下班前必须严格检查各个用火点，保证油、气、电、水、火各个部位的闸门关闭，关好门窗通道后方可下班。

第9条　凡从餐厅带出食品、用具、调料的工作人员一律按偷窃论处。

第10条　客人进入餐厅时，以微笑迎接客人，在服务时避免碰触客人的身体，不得靠在客人身上。

第11条　客人入座时，主动上前协助拉开椅子。

第12条　要预先了解客人的需要，避免聆听客人的闲聊，在不影响服务的情况下才能与客人聊天、联络感情。

第13条　在服务中禁止背对客人，不得斜触靠墙或服务台，不得跑步或行动迟缓。

第14条　在服务时尽量避免与客人谈话，如果不得不谈话，则应避免正对食物，除非是不可避免，否则不可碰触客人。

第15条　在上菜服务时，先将菜式呈给客人过目，并清晰、准确地报上菜名，然后询问客人要何种配菜；确定每道菜需要用的调味酱及佐料；客人需要用手拿食物时，洗手碗必须马上送上。

第16条　一般除了面包、奶油、沙拉酱和一些特殊的菜式外，所有的食物、饮料均需从右边上。

第17条　在条件允许的情况下，应主动或征询客人的意见后再为客人分汤和菜品。

第18条　要注意保持工作场所的清洁，避免在客人面前做清洁工作。

1. 勿将制服当抹布，要保持制服的整洁。

2. 勿置任何东西在干净的桌布上，以避免造成污损；溢泼出来的食物、饮料应马上清理。

3. 上冷餐要用冷盘，上热餐要用热盘。

4. 不可用手接触食物。

5. 餐厅中的所有餐具须用盘子盛装拿走，盘上须加餐巾。

6. 清除或补齐餐具时，避免餐具碰撞发出声响。

第19条　所有掉在地上的餐具均须更换，但需先送上干净的餐具，然后再拿走弄脏的餐具。

（续）

第20条 不得堆积过多的餐具在服务台上，不得空手离开餐厅返回厨房，也不得拿超负荷的餐具。	

第20条 不得堆积过多的餐具在服务台上，不得空手离开餐厅返回厨房，也不得拿超负荷的餐具。

第21条 在服务中发现蔬菜、肉类或其他副食品有异常，例如，有异味、变质、霉烂或变色等，应及时报告直属领班，在未得到领导的明确意见前不得擅自处理。

第22条 口袋中应随时携带开罐器和写字笔，应确定所有的玻璃器皿与陶瓷器皿没有缺口，以免划（割）伤客人。

第23条 在客人未要求或未经客人同意之前，不可送上账单。

第24条 待客人要求结账时，应按规范进行结账服务，收款后向客人道谢。

第25条 在客人用完餐之前，不要马上清理杯盘，除非是客人要求才进行处理。

第26条 不得与客人争吵，不得批评客人或强迫客人消费。

第27条 对待儿童必须有耐心，不得抱怨或不理睬。若儿童影响到别桌的客人，应请其父母加以劝导。

签阅栏		我已收到"餐厅人员服务礼仪规范"（编号：＿＿），并认真阅读完毕。我同意遵守规范中的相关规定，也同意酒店有权根据实际的经营情况修改本规范。	
相关说明			
编制日期		审核日期	批准日期
修改标记		修改处数	修改日期

五、餐厅卫生工作检查细则

制度名称	餐厅卫生工作检查细则		受控状态	
			编 号	
执行部门		监督部门	考证部门	

第1章 总则

第1条 为加强餐厅卫生清洁工作，做好餐厅卫生检查工作，特制定本细则。

第2条 餐厅卫生检查主要包括每日（每周）例行检查和随机抽查两种形式。

第2章 餐厅整体环境的卫生要求

第3条 地板、大理石地面干净完好，无垃圾、无水渍、无油迹。

第4条 天花板、墙面、墙角等处无污迹、无剥落、无蜘蛛网、无卫生死角。

第5条 墙面的艺术性挂件、装饰品光亮、完好无损、挂放端正，无灰尘、无污迹、无破损。

第6条 门窗玻璃干净完好，窗台及门柜无浮灰，窗帘无破洞、无脏迹、无脱钩。

(续)

第7条　餐厅过道及公共区域的痰桶清洁干爽，无灰尘、无污迹；痰桶上无纸巾等杂物，无裸露的垃圾、无烟头，周围无脏物。

第8条　餐厅标志、灯箱醒目、光亮、完好、整齐，无灰尘、无蜘蛛网。

第9条　灯具、灯泡、空调完好有效，明亮无尘；空调出风口干净清洁，无灰尘。

第10条　灭火器材清洁光亮，无灰尘。

第11条　餐厅内所有家具、冰箱、电话、音响等设备完好有效、整洁干净，无灰尘、无污迹。

第12条　花架上无灰尘，花盆内无烟蒂，花盆盆垫内干净清洁，无污水污迹；花卉、植物鲜艳美观，叶面光亮润滑，无枯黄凋谢，无灰尘、无污迹。

第13条　餐厅空气清新，无异味。

第3章　餐具、布件、服务用具的卫生标准

第14条　餐具、杯具等器皿应经过严格消毒。

第15条　瓷器餐具应确保无缺口、无裂缝、无污迹，清洁完好，保持光亮。

第16条　银质餐具应确保无弯曲、无污垢、无破损，保持光亮。

第17条　玻璃器皿应确保无裂缝、无缺口、无破损，保持光亮。

第18条　台布、口布、小毛巾清洁完好，洗涤干净，熨烫平整，无污渍、无皱纹、无破洞。

第19条　服务用具应保证无油腻、无污迹，使用灵活，清洁完好。

第20条　菜单、酒水单整洁美观，准备充足，无油渍、无污迹、无破损、无涂改。

第21条　桌面调味盅、酱油壶、水壶等清洁完好，无脏痕、无污迹，内装调料不少于2/3，调料不变质、不发霉、无沉淀。

第4章　家具设备的清洁标准

第22条　转台清洁，无脏痕、无油腻，转动灵活。

第23条　餐桌、餐椅等完好无损，不变形、不摇摆；物品摆放整齐有序，无污迹、无破损。

第24条　备用物品一应俱全，无隔餐遗留垃圾、瓶盖等。

第25条　餐车、酒水车清洁完好，车轮转向灵活，无灰尘、无污渍杂物、无垃圾。

第26条　餐厅操作台随时保持清洁，不得留置任何食品。

第27条　吧柜、酒架、样品陈列柜清洁完好，无灰尘、无污渍。

第28条　果汁机、鲜啤机、毛巾柜等设备干净清洁，无污渍。

第5章　备餐间、工作间的卫生要求

第29条　备餐间、工作间、杂物间物品摆放整齐有序，无异味、无杂物、无裸露的垃圾。

第30条　备餐柜干净整洁，所有物品均按定置管理规定摆放。

第31条　工作间内一切用具与物料整齐归档。

第32条　所有工作人员均按规定着装，服装整洁，皮鞋光亮。

第33条　所有员工不得留长指甲，指甲内无污渍，不涂指甲油。

（续）

签阅栏		我已收到"餐厅卫生工作检查细则"（编号：＿＿＿），并认真阅读完毕。我同意遵守细则中的相关规定，也同意酒店有权根据实际的经营情况修改本细则。		
相关说明				
编制日期		审核日期		批准日期
修改标记		修改处数		修改日期

六、厨房工作人员管理规定

制度名称	厨房工作人员管理规定		受控状态	
			编　号	
执行部门		监督部门	考证部门	

第1条　为加强对厨房工作人员的管理，保证各厨房的正常运营，特制定本规定。

第2条　厨房工作人员必须严格执行《食品卫生法》，确保食品卫生。

第3条　员工必须提前10分钟到岗，与下一班的工作人员进行交接；当班期间不得聊天。

第4条　厨房工作人员必须执行"二白四勤"的个人卫生制度。

1."二白"：白衣、白帽（将头发塞进帽子里）。

2."四勤"：勤理发、勤洗澡、勤换衣、勤剪指甲。

第5条　员工在下班前要打扫厨房卫生，与下一班工作人员交接工作。

第6条　不能在非吸烟区吸烟，厨房内严禁吸烟。

第7条　下采购单时应做严格计算，做到既满足使用又不致存放太久，以节省流动资金。

第8条　接收半成品、食材时，严格把好卫生关，做到原料不新鲜不接收。

第9条　非冷菜间员工没有特殊情况不得进入冷菜间。

第10条　冷菜间的菜板在每天使用前要使用酒精消毒。

第11条　罐头食品一经打开，必须倒入不锈钢器皿内并放入冰箱。

第12条　在操作过程中不得直接用操作工具或用手品尝，尝过的菜不能放回锅内。

第13条　熟菜须用罩盖遮住。

第14条　每天配菜结束时，及时清理地面，保持厨房地面清洁，无积水、无油垢，墙上无食物残渣和污渍。

第15条　不在洗菜池、洗手池内洗拖把、污物，餐后所有调味品须加盖。

第16条　用具器皿严格按洗涤、保管程序进行清洗及存放，确保餐具、食物器皿的卫生。

第17条　炉灶火种不能连续开2小时，如果长期不用应关掉火。

第18条　增强节水、节电意识，在工作允许的情况下，能关掉的设备应尽量关掉。

（续）

第 19 条　冰箱每日一小清，每周一大清；存放食品时，要使用保鲜膜或袋包装，生熟分开，做到"先进先出"，码放合理。

第 20 条　每餐加工完毕，及时清理灶台卫生，锅具、抽油烟机应每日一小清，每周一大清。

第 21 条　餐厅厨房内应设有污物处理盖桶，并有专人保洁和处理。

第 22 条　定期对厨房进行彻底打扫，配合管事员做好相关领域的卫生清洁工作。

签 阅 栏		我已收到"厨房工作人员管理规定"（编号：＿＿＿），并认真阅读完毕。我同意遵守规定中的相关细则，也同意酒店有权根据实际的经营情况修改本规定。
相关说明		
编制日期	审核日期	批准日期
修改标记	修改处数	修改日期

七、厨房交接班管理细则

制度名称	厨房交接班管理细则		受控状态	
			编　号	
执行部门		监督部门	考证部门	

第 1 条　为了明确规范厨房交接班事宜，保证厨房各项事务的正常运行，特制定本细则。

第 2 条　各班必须提前 10 分钟到岗交接工作，交接事宜在领班间对口交接。

第 3 条　各班应将当班期间发生的问题详细记在交接班记录本上，记录每个班次所发生的事情及经过，包括情况发生的地点、时间、处理结果等。

第 4 条　交接内容。

1. 安全卫生检查及安全注意事项。

（1）炉灶阀门是否关闭，各处电路是否断电。

（2）检查卫生、物品、安全及人员的安排，做到各班次责任清楚。

2. 交接食材。

（1）做好所用到的食材的交接，并核对实物。

（2）根据菜谱，写明外购食品到货的情况，开餐有无变动，是否安排好补充食品。

（3）每班交班时要记清物品数量和所用物品数量，防止物品变质和损坏现象出现。

3. 交接炊具机械。

（1）由各班专管人员负责，当面对口交接（各种餐具、用具须齐全、卫生、整洁）。

（2）由专用人员负责检查机械运转是否正常，冲刷是否干净、卫生。

（续）

4. 上一班存在的问题及下一班应注意的问题。

（1）在当班中，开餐食品、饭菜质量及数量是否符合标准。

（2）将每班次开餐的食谱写在交接班记录本上。

（3）巡视厨房各部分的工作是否按规定做到。

（4）了解酒店领导及员工提出的意见。

（5）预防性的建议。

5. 写明每班次工作人员的姓名及到岗情况。

第5条　如交接不符合规定，要当即提出整改，使双方责任清楚并做好记录后方可上岗。

签 阅 栏		我已收到"厨房交接班管理细则"（编号：＿＿＿），并认真阅读完毕。我同意遵守细则中的相关规定，也同意酒店有权根据实际的经营情况修改本细则。
相关说明		
编制日期		审核日期		批准日期	
修改标记		修改处数		修改日期	

岗位职责
+
绩效标准

工作程序
+
关键问题

执行技巧
+
解决方案

常用文书
+
工作表单

第二章

中餐厅精细化管理

第一节 中餐厅岗位描述

一、中餐厅岗位设置

（一）大中型酒店中餐厅岗位设置

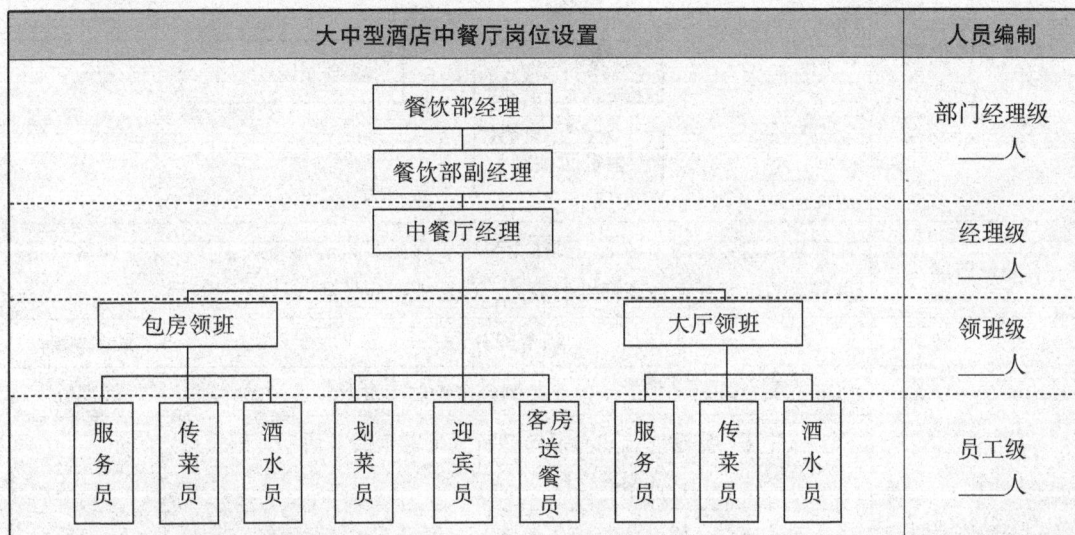

大中型酒店中餐厅岗位设置	人员编制
餐饮部经理 餐饮部副经理	部门经理级 ____人
中餐厅经理	经理级 ____人
包房领班　　　　　　　　　　大厅领班	领班级 ____人
服务员　传菜员　酒水员　划菜员　迎宾员　客房送餐员　服务员　传菜员　酒水员	员工级 ____人

（二）小型酒店中餐厅岗位设置

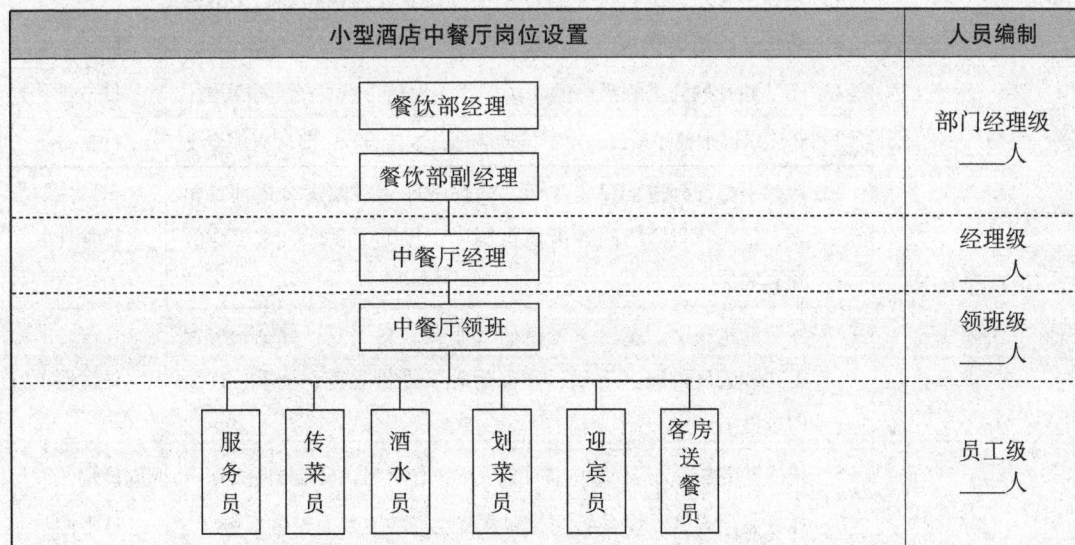

小型酒店中餐厅岗位设置	人员编制
餐饮部经理 餐饮部副经理	部门经理级 ____人
中餐厅经理	经理级 ____人
中餐厅领班	领班级 ____人
服务员　传菜员　酒水员　划菜员　迎宾员　客房送餐员	员工级 ____人

二、中餐厅经理岗位职责

岗位名称	中餐厅经理	所属部门	餐饮部中餐厅	编　号	
直属上级	餐饮部副经理	直属下级	中餐厅领班	晋升方向	

所处管理位置	

```
                    餐饮部副经理
                    ┌────┴────┐
              ┌─────────┐  ┌─────────┐
              │ 中餐厅经理 │  │ 宴会厅经理 │
              └────┬────┘  └─────────┘
              ┌─────────┐
              │ 中餐厅领班 │
              └─────────┘
```

职责概述	在餐饮部副经理的领导下，具体负责中餐厅的日常经营管理工作，保证向客人提供舒适的就餐环境和高标准的服务，争取获得最佳经济效益	
职　责	**职责细分**	**职责类别**
1. 参与制订中餐厅经营计划与规范性文件	（1）在餐饮部副经理的指导下，制订中餐厅年度及月度经营计划	周期性
	（2）按中餐特点适时提出食品节建议，编制食品节活动计划及餐厅装饰计划，并组织实施	特别工作
	（3）参与制定、修订中餐厅各项服务工作规范与工作标准，并组织和确保相关文件的贯彻执行	周期性
	（4）领导中餐厅员工积极完成各项接待任务和经营指标，努力提高餐厅的销售收入	日常性
2. 中餐厅日常运营管理	（1）经常性开展同星级酒店的市场调查，保持中餐厅的竞争实力	日常性
	（2）全面掌握中餐厅预订和重要接待活动，主持召开中餐厅有关会议	日常性
	（3）做好中餐厅领班的排班工作，监督餐厅领班制定各班的排班表，带头执行酒店的各项规章制度，保证中餐厅日常工作的顺利完成	日常性
	（4）在营业过程中，巡视中餐厅的营业和服务情况，检查领班的工作和餐厅的服务质量，确保为客人提供规范、标准、优质的服务	日常性
	（5）根据客房客人的需要和中餐厅的实际工作情况，安排送餐服务	日常性
	（6）抓好餐厅设施、设备的保养和营业现场的卫生、安全工作	日常性

（续）

职　责	职责细分	职责类别
3. 客人接待与投诉处理	（1）亲自督导和参与重要接待活动，积极征求客人的意见和建议	特别工作
	（2）妥善处理客人的投诉：属于经理职权范围内的，可独立解决；超出职权范围的，交餐饮部有关领导解决	日常性
	（3）与客人保持良好的关系，随时与客人进行必要的沟通	日常性
	（4）监督建立并完善客户接待档案，汇总存档	日常性
4. 上传下达与协调工作	（1）参加餐饮部经理主持的部门工作例会，并于开餐前召开中餐厅班前会，传达部门工作例会内容并布置当日的任务	日常性
	（2）及时填写餐厅日报表，将餐厅经营情况拟成日工作报告，向负责中餐厅的餐饮部副经理汇报当日的营业情况	日常性
	（3）每月月底分析本月度中餐厅的经营状况，并及时向负责中餐厅的副经理汇报	周期性
	（4）与厨师长保持密切联系和合作，提出有关食品销售的建议，双方共同完成每月及每日的特选菜单	日常性
	（5）及时将客人的需求反馈给厨师长，为食品原料的采购和厨房出菜提供依据	日常性
	（6）负责与各厨房、管事处等相关部门保持良好的沟通、协调与合作，及时处理各类突发事件	日常性
5. 中餐厅收入管理与成本控制	（1）审核中餐厅的营业收入，做好结账控制工作，杜绝舞弊行为的发生	日常性
	（2）控制中餐厅低值易耗品的成本，抓好成本核算、节能控制工作	日常性
	（3）加强配料、布草等物资的领用与管理工作，降低费用，增加盈利	日常性
	（4）掌握中餐厅的饮料销售情况，确保饮料成本控制在标准范围之内	日常性
6. 中餐厅员工管理	（1）负责中餐厅领班的任用、晋升的提名工作	特别工作
	（2）有计划地组织开展中餐厅培训活动，不断提高餐厅服务员的专业技术知识和服务技巧，改善服务态度	日常性
	（3）负责对下属领班的考勤、绩效进行考核和评估，参与评估员工的各项工作表现和纪律行为	日常性

35

三、中餐厅领班岗位职责

岗位名称	中餐厅领班	所属部门	餐饮部中餐厅	编　号	
直属上级	中餐厅经理	直属下级	中餐厅服务人员	晋升方向	

所处管理位置	中餐厅经理 ↓ 中餐厅领班 ↓ 迎宾员　服务员　划菜员　传菜员　酒水员
职责概述	在中餐厅经理的领导下，严格贯彻本酒店的经营方针和各项规章制度，负责所在班组的日常管理和客人接待工作

职　责	职责细分	职责类别
1. 班组的日常管理	（1）参加部门例会，了解每日接待、预订情况，并召开班前例会	日常性
	（2）合理安排员工的排班，保证各环节的衔接，使接待工作顺利完成	日常性
	（3）营业时向服务员布置任务，并督导服务员的服务工作	日常性
	（4）每日停止营业后，全面检查餐厅，并填写工作日志、营业报告，做好餐厅销售服务统计和客史档案的建立	日常性
2. 组织客人接待工作	（1）带领员工完成每日的客人接待工作和餐品、酒水的销售工作，努力提高中餐厅的经营效益	日常性
	（2）开餐前检查餐厅摆台的清洁卫生、餐厅用具供应及设备设施的完好情况，使之达到所要求的规范和标准	日常性
	（3）观察服务员的具体操作，发现问题应及时纠正，保证所有工作符合酒店的标准和要求	日常性
	（4）全面掌握本区域内客人的用餐状况，及时征询客人的意见和建议，及时处理客人的投诉	日常性
	（5）随时注意餐厅动态，如遇特殊客人、重要客人时应亲自服务，为其介绍菜单内容，推荐特色菜，回答客人的问题，确保服务的高水准	日常性

（续）

职　　责	职责细分	职责类别
3. 协调沟通	（1）协调、沟通中餐厅与厨房的工作	日常性
	（2）协助中餐厅经理做好与员工的沟通工作	日常性
	（3）及时填写值班意见反馈表和交接记录，以便下一领班开展工作	日常性
4. 人员管理	（1）协助中餐厅经理做好对服务员的考勤、绩效评估工作，及时掌握员工的思想状况、工作表现和业务水平	日常性
	（2）协助中餐厅经理对服务员开展相关的业务培训，不断提高服务员的服务技能与技巧，做好餐厅人才的开发和培养工作	日常性

四、中餐厅迎宾员岗位职责

岗位名称	中餐厅迎宾员	所属部门	餐饮部中餐厅	编　　号	
直属上级	中餐厅领班	直属下级		晋升方向	
所处管理位置	中餐厅领班——迎宾员、服务员、划菜员、传菜员、酒水员				
职责概述	服从中餐厅领班的班次安排，按照迎宾员的工作程序与标准做好客人领位工作				

职　　责	职责细分	职责类别
1. 接受订位	（1）当有电话订座或来人订座时，应准确地填写订座本，清楚列明客人的特别要求，向客人复述要求并得到客人确认后，及时向中餐厅领班报告	日常性
	（2）向前来询问的客人介绍本餐厅的各式特色菜品和酒水，吸引客人来餐厅就餐	日常性

（续）

职　　责	职责细分	职责类别
2. 迎送客人	（1）每天在营业前细心留意订座的位置及可供客人入座的数量，适当安排入座，确保增加餐厅的营业额	日常性
	（2）使用服务敬语，主动、热情地迎送客人，适时向客人介绍餐厅和酒店的设施，回答客人的询问，保持良好的服务形象	日常性
	（3）熟悉餐厅内各座位、厅房的位置及座位数量，及时、准确地为就餐客人选择并引领至客人满意的餐位	日常性
	（4）当餐厅满座时，应礼貌、耐心地向客人解释，并为客人办好登记候位手续，或推荐客人到其他餐厅用餐	日常性
	（5）客人离开餐厅时，应主动向客人道谢，并欢迎客人下次光临	日常性
3. 物品管理	（1）更换、保管餐厅的布草，保证其正常的使用量，并及时向领班报告不足和损耗情况	周期性
	（2）妥善保管、检查、更新、派送菜单、酒水单、报纸，发现破损应及时更换，使之保持干净、整洁的状态	日常性
4. 其他工作	（1）适时征询客人的意见和建议，记录客人的相关信息，做好客史信息的收集工作，及时与服务人员沟通，提高客人的满意度	特别工作
	（2）妥善保管客人的遗留物品，拾到贵重物品应及时上交本班领班	特别工作
	（3）闭餐后，做好当班期间中餐厅客情人数、营业收入的统计工作，并向领班汇报	日常性
	（4）当班结束后，与下一班做好交接工作；营业结束后，搞好所管辖区域的公共卫生，并做好收尾工作	日常性

五、中餐厅服务员岗位职责

岗位名称	中餐厅服务员	所属部门	餐饮部中餐厅	编　号	
直属上级	中餐厅领班	直属下级		晋升方向	
所处管理位置					

```
                    ┌──────────┐
                    │ 中餐厅领班 │
                    └────┬─────┘
      ┌──────┬────────┼────────┬──────┐
   ┌──────┐┌──────┐┌──────┐┌──────┐┌──────┐
   │ 迎宾员 ││ 服务员 ││ 划菜员 ││ 传菜员 ││ 酒水员 │
   └──────┘└──────┘└──────┘└──────┘└──────┘
```

（续）

职责概述	服从领班的班次安排与调度，负责中餐厅开餐准备、对客服务与餐厅清洁等各项工作	
职　责	**职责细分**	**职责类别**
1. 开餐准备	认真做好开餐前的准备与检查工作，按标准摆台、布置餐厅，补充开餐的各类用品和用具	日常性
2. 向客人提供就餐服务	（1）为客人安排座位并为客人拉椅，以方便客人入座	日常性
	（2）按点菜服务规范为客人提供点菜服务，做好菜品、酒水的推销，并按要求填写客人的点菜单、酒水单	日常性
	（3）与传菜员、酒水员密切合作，按工作程序与标准为客人提供高效、优质的服务	日常性
	（4）及时征询客人的意见和建议，尽量帮助客人解决就餐过程中的各类问题，必要时将客人的意见填写在质量信息卡上，并及时反馈给领班	日常性
	（5）遇到客人投诉，应立即向领班汇报，尽量满足客人的要求	特别工作
3. 餐厅清洁	（1）及时清理属于所辖服务区域内的桌面，更换干净的台布、桌垫，并尽快重新摆好台位	日常性
	（2）负责区域设施、设备的清洁保养工作，保证提供优雅、清洁、安全的就餐环境	日常性
4. 其他工作	（1）做好区域内餐具、布草、杂项的补充与替换工作，对设备及器皿的损坏与短缺应及时向领班汇报	日常性
	（2）当班结束后，与下一班人员做好交接工作	日常性

六、中餐厅划菜员岗位职责

岗位名称	中餐厅划菜员	所属部门	餐饮部中餐厅	编　　号	
直属上级	中餐厅领班	直属下级		晋升方向	
所处管理位置					
职责概述	服从中餐厅领班的安排与调度，按照工作程序与标准做好划菜、落单工作				

39

（续）

职　责	职责细分	职责类别
1. 落单及服务工作	（1）根据服务员开具的点菜单落单，即将客人点菜信息输入本酒店的落单系统中	日常性
	（2）根据客人的点菜单，及时与厨房联系，并按客人的就餐情况，安排传菜员按顺序准确无误地出菜至相应台位	日常性
	（3）严格控制餐厅出菜的质量，发现问题应及时与厨房协调解决	特别工作
	（4）用餐结束后，整理好划菜台，并搞好所管辖区域的卫生	日常性
2. 沟通、协调	（1）了解当天的餐务预订情况，及时与厨房联系	日常性
	（2）及时掌握当天缺菜和时菜情况，及时与服务员沟通	特别工作
	（3）保管好划菜单，并于第二日及时上交财务部	日常性
	（4）统计中餐厅所有菜品的销售情况，并将数据信息及时传给领班	日常性

七、中餐厅传菜员岗位职责

岗位名称	中餐厅传菜员	所属部门	餐饮部中餐厅	编　号	
直属上级	中餐厅领班	直属下级		晋升方向	
所处管理位置					

中餐厅领班

迎宾员　服务员　划菜员　传菜员　酒水员

职责概述	服从中餐厅领班的安排与调度，按照工作程序与标准做好传菜工作，做好中餐厅与中厨房的协调、沟通工作，并于中餐厅业务不忙时提供必要的送餐服务

职　责	职责细分	职责类别
1. 开餐准备	（1）做好开餐前毛巾、托盘等物品的准备工作	日常性
	（2）协助服务员布置餐厅、餐桌及摆台，并补充各种物品	日常性

（续）

职　责	职责细分	职责类别
2. 传单与传菜	（1）将服务员开出的，并经过划菜员盖章的点菜单传送到厨房（备注：酒店若有信息化管理系统，则可以省去人工传单这一环节）	日常性
	（2）根据点菜单和划菜员的布置，将厨房烹制好的菜品准确传递到餐厅内的相应台位，并向服务员报出菜名	日常性
	（3）跟办菜式与调汁、酱料的搭配工作，留意调汁、酱料是否符合卫生标准，并及时传送到相应台位	日常性
3. 菜品质量及出菜速度监控	（1）及时检查所传递的菜食质量及分量，对不符合质量标准的菜品应及时送回厨房处理	日常性
	（2）检查点菜单的台号、菜品名称，及时把餐厅客人用餐速度和有关情况传达给厨师，以便厨师掌握上菜时机和保证菜品的质量	日常性
4. 清洁整理工作	（1）客人用餐结束后，关闭热水器、毛巾箱电源，将剩余的主食送回厨房，并收回托盘	日常性
	（2）协助服务员做好客人就餐后的餐台清洁、餐具整理等工作	日常性
	（3）负责传菜用具物品的清洁卫生工作，确保餐厅的餐具清洁	日常性
	（4）搞好管辖区域的卫生，并与下一班人员做好交接工作	日常性

八、中餐厅酒水员岗位职责

岗位名称	中餐厅酒水员	所属部门	餐饮部中餐厅	编　号	
直属上级	中餐厅领班	直属下级		晋升方向	
所处管理位置	中餐厅领班 ├ 迎宾员 ├ 服务员 ├ 划菜员 ├ 传菜员 └ 酒水员				
职责概述	在中餐厅领班的带领下，按工作程序和标准为服务员准备、提供客人所需要的酒水饮料				

（续）

职　　责	职责细分	职责类别
1. 酒水领用保管	（1）负责中餐厅酒水、饮料的定期领取、补充工作	周期性
	（2）负责所领用酒水、饮料的日常保管工作，定期检查酒水、饮料的保质期，如快到期要及时通知领班，以便及时处理	日常性
2. 酒水供应服务	（1）开餐前要领足当餐要用的酒水、饮料	日常性
	（2）根据餐厅服务员填写的酒水单，准备好客人所需要的酒水、饮料	日常性
	（3）客人用餐期间，积极地做好酒水、饮料的推销工作	日常性
	（4）客人结束用餐后，及时填写酒水销售清单，并传至收银处	日常性
3. 酒水销售报告	每天营业结束，及时填写当天的酒水销售盘点日报表，做到酒水库存数量与报表相等、销售金额与收银处所收金额相等，并提交至领班处	日常性

九、客房送餐员岗位职责

岗位名称	客房送餐员	所属部门	餐饮部	编　　号	
直属上级	送餐领班	直属下级		晋升方向	
所处管理位置					

（组织结构图：送餐领班 → 订餐服务员、客房送餐员、外卖服务员）

职责概述	服从送餐领班的领导与工作安排，按照客房送餐的工作流程与规范为客人提供优质的送餐服务	
职　　责	职责细分	职责类别
1. 客房送餐准备	（1）负责根据客人的订餐情况，备好餐车、托盘等服务用具	日常性
	（2）负责根据订餐单去酒吧与厨房领取酒水与菜品	日常性

（续）

职　　责	职责细分	职责类别
2. 按时提供送餐服务	（1）负责用餐车将客人所订的菜品、酒水等准确无误地送到客房	日常性
	（2）负责将送到客房的菜品按照客人的要求进行摆放	日常性
	（3）摆放完毕，请客人签单并将签单转交领班	日常性
	（4）负责餐车、餐具、托盘等送餐用具的清洁工作，随时保持餐车及餐车上餐具的清洁卫生	日常性
3. 向客人提供餐后服务	（1）征得客人同意后，负责进客房收拾餐具、用具等	日常性
	（2）仔细聆听客人的意见或建议，并如实记录在交接班记录簿上	日常性

第二节　中餐厅岗位绩效考核量表

一、中餐厅经理绩效考核量表

序号	考核内容	考核指标及目标值	考核实施	
			考核人	考核结果
1	领导完成各项经营指标，提高中餐厅销售收入	中餐厅销售收入增加率达____%，其中，菜品销售收入增加率达____%、饮料酒水销售收入增加率达____%		
		零点人均消费标准达____元		
		每餐位平均创收达____元		
2	定期举办食品节等活动，提高中餐厅的营业效益	食品节等活动举办频率达____次/年，中餐厅年度总营业额达____元		
3	巡视中餐厅的营业和各级人员的服务情况	客人对服务人员的服务有效投诉次数不得超过____次/月		
		例行检查时中餐厅不符合服务规范和标准的人次不得超过____人次/月		
4	中餐厅成本费用控制	中餐厅成本费用控制在预算范围内		
5	中餐厅员工培养与考核	中餐厅员工培训计划完成率达____%		

二、中餐厅领班绩效考核量表

序号	考核内容	考核指标及目标值	考核实施	
			考核人	考核结果
1	负责制定本班组人员的排班工作	本班组排班表按时制定率达____%		
2	领导服务员完成客人就餐接待工作	菜品日销售收入达____元		
		酒水、饮料日销售收入达____元		
		零点客人人均消费标准达____元		
3	督导服务员按标准和规范为客提供服务	客人对服务人员的服务有效投诉次数不得超过____次/月		
		例行检查时中餐厅不符合服务规范和标准的人次不得超过____人次/月		

三、中餐厅迎宾员绩效考核量表

序号	考核内容	考核指标及目标值	考核实施	
			考 核 人	考核结果
1	根据客人预订情况，安排留位，合理迎领其他客人	餐位预订处理及时率达____%		
		客人对餐位预留的满意度评分平均达____分		
2	将客人迎领至适当的餐位	迎领服务不符合规范的项次不得超过____项次		
3	收集客人意见及投诉，及时向领班汇报	客人意见及投诉汇报及时率达____%		
4	更换、保管餐厅布草，保证其正常使用量	餐厅布草损耗统计准确率达100%，布草送洗及时率达____%		
5	做好当班期间中餐厅用餐人数、营业收入的统计工作	当班期间用餐人数、营业收入统计准确率达100%		

四、中餐厅服务员绩效考核量表

序号	考核内容	考核指标及目标值	考核实施	
			考 核 人	考核结果
1	按标准摆台、布置餐厅	摆台合格率达____%		
2	向客人提供点餐服务	中餐厅菜品销售收入达____元		
		中餐厅推荐菜成功推荐率达____%		
		中餐厅酒水饮料销售收入达____元		
3	负责上菜，并于客人用餐过程中提供相关服务	上菜合格率达____%		
		客人对服务的满意度评分达____分		
4	负责餐后餐台清洁、所辖区域的卫生	卫生清洁达标率达____%		

五、中餐厅划菜员绩效考核量表

序号	考核内容	考核指标及目标值	考核实施	
			考 核 人	考核结果
1	根据服务员开具的点菜单快速落单	点菜落单速度平均达____分/单，因落单延误导致客人投诉或抱怨的次数不得超过____次		
		点菜落单出错率控制在____%以内		
2	整理划菜台，做好卫生清洁工作	卫生清洁达标率为____%		

六、中餐厅传菜员绩效考核量表

序号	考核内容	考核指标及目标值	考核实施	
			考 核 人	考核结果
1	严格执行传菜服务规范，确保准确、迅速传菜	传菜差错率控制在____%以内，传菜服务规范违规不得超过____项次		

（续）

序号	考核内容	考核指标及目标值	考核实施	
			考核人	考核结果
2	及时发现菜品、食物在质量或分量方面存在的问题，并反馈给厨房	未发现菜品食物质量、分量的问题而遭客人投诉不得超过____项次		
3	做好毛巾、托盘等传菜用具物品的卫生清洁工作	卫生清洁工作达标率为____%		
4	做好相关协调工作	相关人员对其工作满意度评分平均达____分		

七、中餐厅酒水员绩效考核量表

序号	考核内容	考核指标及目标值	考核实施	
			考核人	考核结果
1	负责中餐厅吧台的酒水、饮料的日常保管工作	将酒水、饮料因过期而造成的损失控制在____元以内		
2	根据客人需求按时备好符合要求的酒水、饮料	客人对酒水、饮料服务满意度评分平均达____分以上		
3	做好中餐厅酒水、饮料的推销工作，提高中餐厅营业收入	中餐厅酒水、饮料销售收入对中餐厅营业收入的贡献率达____%		
4	按时提交酒水销售报告	酒水销售报告按时提交率为100%		

八、客房送餐员绩效考核量表

序号	考核内容	考核指标及目标值	考核实施	
			考 核 人	考核结果
1	根据订餐信息准备送餐用具、菜品及酒水	送餐用具完备率达100%		
		菜品、酒水等与订餐单的相符率达____%		
2	及时、准确地将菜品、酒水等送至客房	客人满意度评分平均达____分以上		
3	负责送餐用具的卫生清洁工作	送餐用具的卫生达标率达____%		

第三节　中餐厅工作程序与关键问题

一、电话预订程序与关键问题

电话预订工作程序	工作目标
开始 ① 接起电话 ② 问候客人、介绍自己 ③ 倾听客人问题并予以回答 复述、确认客人要求 向客人致谢、道别 整理预订信息并填入订餐本 向相关人员转达预订信息 结束	1. 礼貌接听餐厅预订电话 2. 准确记录餐厅预订信息和客人要求 3. 及时向相关领班或管理人员转达客人预订信息
	关键问题点
	1. 接起电话 （1）在电话铃响三声之内接起电话 （2）超过三声才接听的，在报完名称后要向客人致歉 2. 问候客人、介绍自己 （1）礼貌地说出问候语、本餐厅的名称及自己的姓名，并表示愿意提供服务 （2）遇节日要用节日问候语问候客人 3. 倾听客人问题并予以回答 （1）询问客人姓名及用餐时间、人数、房号（酒店住客）或联系电话 （2）当客人要求留位订座而订单表上有多位客人同姓氏时，应委婉地请客人说出全名或公司全称 （3）仔细听客人的问题，准确掌握客人问题的内容，必要时重述客人问题并进行确认 （4）在接听客人电话过程中，如因需要而暂时搁置电话时，搁置时间不得超过30秒，再接起电话时应向客人致歉

二、现场预订程序与关键问题

现场预订工作程序	工作目标
开始 ① 迎宾员问候客人 ② 接受预订 ③ 复述、确认客人预订信息 结束接待、致谢、送别客人 在订餐本上记录客人的预订信息 ④ 向相关人员转达预订信息 结束	1. 礼貌接待客人，准确记录客人的预订信息及要求 2. 及时向相关领班或管理人员转达客人的预订信息
	关键问题点
	1. 迎宾员问候客人 （1）当客人来到餐厅时，迎宾员应代表酒店热情地欢迎客人 （2）当知道客人是来订餐时，应主动告诉客人自己的姓名，并表示愿意为客人提供服务 2. 接受预订 （1）礼貌询问客人的姓名、房间号（酒店住客）、联系电话、用餐人数和用餐时间，准确、迅速地记录在订餐簿上 （2）询问客人对用餐包间、菜品、酒水等有无特殊要求 3. 在听完客人的要求后，应向客人复述预订信息，包括客人姓名、房间号、联系电话、用餐人数、用餐时间及特殊要求，并得到客人确认 4. 迎宾员应将客人的预订信息及时转达给领班、厨师等相关人员

三、铺台工作程序与关键问题

铺台工作程序	工作目标
开始 准备铺台所需的物品 ① 铺台布 ② 摆放餐具 ③ 摆烟灰缸、牙签筒、鲜花等物品 ④ 摆放椅子 最后检查 结束	1. 铺出符合标准的餐台 2. 保证餐厅清洁、整齐的就餐环境 **关键问题点** 1. 铺台布前应选择尺寸适中、干净无破损、熨烫平整的台布 2. 摆放餐具需要注意两个问题 （1）一套餐具的摆放，具体请参考"铺台工作标准与规范" （2）每套餐具在餐桌上的位置摆放应根据餐桌的形状来决定，具体请参考"铺台工作标准与规范" 3. 烟灰缸、牙签筒、鲜花等物品的位置摆放应根据餐桌的形状来决定 4. 椅子的位置摆放请参考"铺台工作标准与规范"

四、点菜工作程序与关键问题

点菜工作程序	工作目标
开始 ① 征求客人点菜意见 ② 向客人介绍菜单及菜品特点 按客人要求记录、填写点菜单 ③ 复述客人所点菜品 ④ 下点菜单 结束	1. 快速、高效地为客人提供满意的点菜服务 2. 在点菜过程中，完成推荐菜、急推菜的销售任务 3. 完成菜品销售目标，提高中餐厅的销售收入
	关键问题点
	1. 在客人招呼或有点菜意向时，立即上前，站在斜后方询问："我现在可以为您点菜吗?" 2. 向客人介绍菜单及菜品特点，使客人了解菜品的主料、配料、味道及制作方法。介绍时，服务员要有推销意识，及时推销高档菜品及厨师长特荐菜品 3. 点菜结束后应向客人复述点菜单内容，请客人确认；在客人未到齐时，应征询在场客人是否延迟出菜 4. 如客人对菜品有特殊要求，要在点菜单上注明，待收银员签字后，第一联送至厨房，第二联收银员自留，第三、第四联由传菜员、值台服务员留底备查

五、酒水点单程序与关键问题

酒水点单工作程序	工作目标
开始 询问客人是否需要酒水 — 否 是 ① 向客人推荐合适的酒水 ② 填写"酒水单" 向客人重述"酒水单"内容 结束	1. 向客人提供合适的酒水产品和满意的酒水服务 2. 完成酒水销售目标，提高餐厅销售收入
	关键问题点
	1. 在客人不需要酒水服务时，服务员或酒水员不得强迫客人接受酒水 2. 在酒水单上写清自己的姓名、客人人数、台号、日期及客人所需要的各种酒水，注意字迹要清楚

六、换烟灰缸程序与关键问题

换烟灰缸工作程序	工作目标
开始 ① 准备干净的烟灰缸 ② 走至客人右侧，告知客人需更换烟灰缸 将干净的烟灰缸放在需撤换的烟灰缸上面 同时拿起两个烟灰缸放入托盘中 ③ 重新放置干净的烟灰缸 结束	1. 及时为客人提供干净的烟灰缸 2. 提升客人对餐厅服务工作的满意度
	关键问题点
	1. 当客人的烟灰缸内有两个烟头时，需为客人更换烟灰缸，即从工作柜中取出干净、无破损的烟灰缸放在托盘上 2. 待客人同意撤换时，方可用右手拿起一个干净的烟灰缸从客人的右侧将其盖放在需要换的烟灰缸上 3. 重新拿起干净、无破损的烟灰缸，将其摆放回餐桌的原位置上

七、餐盘更换程序与关键问题

餐盘更换工作程序	工作目标
开始 ① 准备干净的餐盘 ② 走至客人面前，询问其是否需要更换餐盘 如客人同意更换餐盘，服务员则应拿起客人用过的餐盘 ③ 放置干净的餐盘 结束	1. 及时为客人提供干净的餐盘 2. 提升客人对餐厅服务工作的满意度

下半部分右栏：

关键问题点

1. 服务员在客人用餐过程中，随时观察客人的餐桌，需要为客人换餐盘时，即从边柜中取出干净的餐盘放在托盘上
2. 服务员左手托托盘，走到客人面前，礼貌地询问客人是否需要撤换餐盘
3. 更换餐盘时，一般按顺时针方向，从客人右侧依次更换

八、客房送餐服务程序与关键问题

客房送餐服务工作程序	工作目标
开始	提供准确、及时的客房送餐服务，不断提高客人的满意度

关键问题点

1. 向客房送餐前的准备工作主要包括以下方面
   （1）送餐的服务用具准备齐全，除餐车、台布、托盘、餐具、账单夹等普通用具外，根据菜品的样式和客人的要求备好其他服务用具，如刀叉、调料盅等，不得有遗漏
   （2）所准备的服务用具应干净、整洁，无破损
   （3）取出做好的菜品后，要配合酒水和辅料按照规范摆放整齐，确保符合客人要求
   （4）通知收银员开好账单，取到账单后要再次核对账单内容，以确保账单与订餐单内容相符
2. 送餐至客房的过程中应注意下列事项
   （1）送餐人员要走规定的线路，乘专用电梯
   （2）送餐过程中若遇到客人要先打招呼，主动让路
   （3）送餐的过程中要保持餐车、餐具的干净卫生，保证各菜品的温度适宜
3. 客房内服务主要包括以下两个方面
   （1）进房后，客房送餐员应征询客人的用餐地点
   （2）按照客人的要求摆放菜品、酒水、饮料后，礼貌地请客人结账
4. 餐后服务主要应注意以下两个方面
   （1）在规定的时间或接到客人的通知后，到客人房间按工作标准撤台、收餐具
   （2）征询客人的意见或建议，做好记录并向客人致谢

流程：开始 → ① 客房送餐准备 → ② 送餐至客房 → ③ 客房内服务 → 请客人签单 → ④ 进行餐后服务 → 结束

第四节　中餐厅服务标准与服务规范

一、零点客人迎送标准与规范

酒店餐饮部服务标准与服务规范文件		文件编号		版本	
标题	零点客人迎送标准与规范	发放日期			

1. 迎接客人

（1）当客人向餐厅走来，离门口约 1 米时，迎宾员应主动上前迎接。

（2）使用敬语问候客人，了解客人有无预订及就餐人数。

2. 引领客人

（1）迎宾员面带微笑，走在客人右前方，在相距约 50 厘米的位置引领客人到事先安排好的或客人喜欢的餐台，引领的速度最好与客人行走速度相同。

（2）当引领客人至餐台时，迎宾员要先询问客人是否喜欢这个餐台。

（3）在客人示意对餐位满意时，为客人拉椅；拉椅时要用左手顶住椅背，双手扶住椅背上部，平稳地将椅子拉出，并伸手示意顾客就座。

（4）客人入座后，迎宾员将菜单或酒水单打开至第一页，从客人左边（或右边）双手送上，并礼貌地请其翻阅。

3. 记录客情

完成上述服务后，迎宾员回到迎宾岗位，将来宾人数、到达时间、餐台号迅速记在迎宾记录本上。

4. 客人起身服务

（1）当客人起身准备离开餐桌时，服务员应立即上前为其拉椅。

（2）当客人起身后，服务员向客人致谢，并提醒客人勿遗留物品。

5. 引领客人至餐厅门口

服务员走在客人的前方，将客人送至餐厅门口。

6. 送离客人

当客人走出餐厅门口时，迎宾员上前再次向客人致谢并道别。

签阅栏	签收人请注意：在此签字时，表示您同意以下两点内容。 1. 本人保证严格按此文件要求执行。 2. 本人有责任在发现问题时，第一时间向本文件审批人提出修改意见。	
相关说明		
编制人员	审核人员	审批人员
编制日期	审核日期	审批日期

二、中餐铺台工作标准与规范

酒店餐饮部服务标准与服务规范文件		文件编号		版本	
标题	中餐铺台工作标准与规范	发放日期			

1. 准备摆台

（1）服务员应洗净双手后才能拿取各类餐具、垫碟、台布、口布、调味品等。

（2）检查餐具、垫碟等是否有破损、污迹及手印，是否洁净光亮。

（3）检查台布的尺寸是否合适，台布、口布是否干净、无破损、熨烫平整。

（4）检查各类调味品是否齐全，调味品器皿外表是否洁净。

2. 铺台布

（1）手持台布立于餐桌一侧，将台布抖开，覆盖在桌面上，中股朝上，平整无皱褶，台布四周下垂长短基本一致。

（2）铺好台布后，应再次检查台布的质量和清洁度。

3. 摆放餐具

餐具的摆放主要涉及两个方面：一是某一套餐具的位置摆放；二是餐桌上所有餐具的位置摆放。具体内容见下表。

餐具摆放标准一览表

项　目		摆放标准
某一套餐具的位置摆放		1. 餐盘距离桌边1指长，餐盘上面摆放吃碟
		2. 餐盘左前方摆放小碗，碗内摆放小勺（勺把向正左侧），餐盘右前方摆放小酱碟；小酱碟、小碗中心在一条连线上
		3. 小酱碟右侧摆放筷架
		4. 筷架左侧勺托上摆放汤勺，汤勺柄端与桌沿距离为3指长
		5. 筷架勺托右侧摆放筷子，筷子上配有筷子套，筷子套上的店徽向上，套口向下
		6. 小碗正前方摆放高脚杯，杯、碗之间的间距为1指长；拿高脚杯时，应握住杯脚
所有餐具在餐桌上的位置摆放	1. 圆桌餐具摆放	（1）主位面向窗户，副主位在主位对面位置
		（2）每套餐具间距离相等且不小于10厘米
	2. 长方桌餐具摆放	（1）两个长边上各摆放两套餐具，这两套餐具间的距离相等
		（2）每一边的两套餐具应与另一边上的餐具对齐

4. 摆放烟灰缸、牙签筒、鲜花等物品

（1）圆桌摆放方法如下。

①主位和副主位正前方摆放牙签筒，两个牙签筒之间对称摆放烟灰缸，两个烟灰缸的连线与两个牙签筒的连线垂直。

（续）

②火柴摆在烟灰缸上靠近转盘侧，火柴盒磷面向里、店徽向上。

③鲜花摆在玻璃转盘正中间。

④鲜花右侧可放台号卡，号码要朝进门处。

（2）长方桌摆放法如下。

①中股缝距靠近桌边 10 厘米处摆放烟灰缸。

②火柴摆在烟灰缸上面，火柴盒磷面向里、店徽向上。

③鲜花摆在中股缝正中间。

④鲜花右侧可放台号卡，号码要朝进门处。

5. 摆放椅子

即按照铺设的席位，配齐椅子，做到椅子与席位相对应。

（1）圆桌的高背椅椅边应恰好触及台布下垂部分，正主位、副主位座椅摆好后，其他座椅间距应相等。

（2）长方桌的扶手椅椅边应与长方桌的桌边距离为 10 厘米。

（3）所有长方桌的扶手椅从侧面看去应在与餐桌平行的直线上。

6. 铺台质量检查

检查时，主要检查台面铺设是否有遗漏，是否符合下列标准规范。

（1）餐台是否放在适当的位置。

（2）台布十字是否对中心，放转盘于桌中央。

（3）高级或重要宴会的转盘上要铺抽纱装饰，鲜花放转盘中央。

（4）烟灰缸一般每台三个，一个摆副主位正前方的转盘边，另两个呈等边三角型放置于相应的位置。

（5）摆椅子时，要在第一主宾右边的第一、第二客人之间留出服务员的上菜位，其他餐位距离应相等。

签阅栏		签收人请注意：在此签字时，表示您同意以下两点内容。 1. 本人保证严格按此文件要求执行。 2. 本人有责任在发现问题时，第一时间向本文件审批人提出修改意见。	
相关说明			
编制人员		审核人员		审批人员	
编制日期		审核日期		审批日期	

三、中餐点菜服务标准与规范

酒店餐饮部服务标准与服务规范文件		文件编号		版本	
标题	中餐点菜服务标准与规范	发放日期			

1. 准备菜单

（1）迎宾员应于开餐前按每日用餐客人人数，准备足够的菜单。

（2）认真检查菜单，确保菜单干净、整洁、无涂改、无磨损、无折痕、边角整齐。

（3）将不符合标准的菜单及时处理掉，并通知领班。

（4）在菜单的第一页应配有厨师长的特荐菜单。

（5）熟悉各种菜品、饮料包括它们的基本价格、准备时间、原料、制作过程及制作方法。

2. 为客人递送菜单

（1）服务员应按客人人数，拿取相应数量的菜单。

（2）站在客人右侧约 0.5 米处。

（3）将菜单打开到第一页，用双手从客人右侧为客人送上菜单。按"女士优先、先宾后主"的次序沿顺时针方向依次进行。

（4）递送菜单时，向客人简单介绍菜单上的每日特别推荐菜、套餐等相关服务项目。

3. 介绍菜单

（1）在客人浏览菜单时，服务员应及时向客人简单介绍菜单上的菜品，回答客人的询问。

（2）礼貌、自信地向客人描述所推荐菜品的样式、味道和特点。

（3）介绍时，应将中餐厅、厨师长今日特别推荐列入推荐内容。

4. 写点菜单

（1）在确认客人所需要的菜品后，应按客人的提议或需求分量来写，认真记录客人需要的菜品和先后顺序。

（2）将客人的需求准确地写在点菜单上，如有没听清楚的菜名，不要擅作主张，应当礼貌地向客人问清楚。

（3）记录客人的点菜时，要用正楷写清菜品的名称，字迹须清晰、工整。

（4）若客人未到齐，点菜单上应注明"叫菜"，赶时间的客人应注明"加快"，有特殊要求的客人，也应注明"不吃大蒜、不吃糖、不吃辣、不吃葱、不吃猪肉"等。

（5）虾、鱼等海产品写明做法、斤两，并且询问是否需要确认。

（6）客人不能很快决定自己所要的菜品时，服务员应耐心等待，热情为客人介绍、推荐本酒店的特色菜及各式菜品的风味、特点。

（7）如果客人点菜比较慢或餐厅快要结束营业时，应用委婉的方式礼貌地向客人解释。

（8）客人点完菜后，应向客人复述一遍。

5. 预测客人的需要

（1）对有急事的客人，应向其推荐易准备、制作时间较短的菜品。

（续）

(2) 对贵宾或美食家，应向其推荐最好的菜品。

(3) 对菜单犹豫不决的客人，应给予其必要的解释和帮助。

(4) 对独自一人进餐的客人，应给予其友善的帮助。

(5) 对于特别的场合（如情侣用餐等），应建议客人配备香槟酒或葡萄酒。

(6) 对经济型的客人，向其推荐的菜品量需充足、价格适中。

(7) 对素食者，要向其推荐低热量、低脂肪的食品和饮料。

6. 感谢客人接受建议或推荐

当客人接受建议或推荐后，应礼貌地感谢客人。

签阅栏	签收人请注意：在此签字时，表示您同意以下两点内容。 1. 本人保证严格按此文件要求执行。 2. 本人有责任在发现问题时，第一时间向本文件审批人提出修改意见。				
相关说明					
编制人员		审核人员		审批人员	
编制日期		审核日期		审批日期	

四、中餐酒水服务标准与规范

酒店餐饮部服务标准与服务规范文件		文件编号		版本	
标题	中餐酒水服务标准与规范	发放日期			

1. 点酒水（包括饮料，下同）或推荐酒水

服务员或酒水员按"酒水点单程序与关键问题"完成酒水点单或推荐酒水、下酒水单等工作。

2. 取酒水

(1) 服务员或酒水员到吧台按客人的"酒水单"取酒水。

(2) 如客人点的是白葡萄酒，需在冰桶内放入碎冰，将瓶酒放入冰桶，最佳温度为9℃，酒标朝上，冰桶边架放置在主人右后方。

(3) 如客人点的是红葡萄酒，需将瓶酒放入垫有毛巾的酒篮中，最佳温度为20℃，酒标朝上，使客人可以看得清。

(4) 如客人点的是普通酒水，可用托盘进行取运，即在托盘中摆放酒水。摆放时，应根据客人坐次顺序摆放，第一客人的酒水放在托盘远离身体侧，主人的酒水放在托盘里侧。

(5) 取酒水的时间不得超过____分钟。

（续）

3. 服务酒水

（1）摆放酒杯、饮料杯：客人餐具前的酒杯、饮料杯的摆放要从大到小，放在客人便于拿放的位置。

（2）开启酒瓶、饮料罐：开启有气体的酒和罐装饮料时，切忌正对着客人。

（3）斟酒程序见下表。

斟酒程序

程序名称	操作标准
1. 向客人示酒	取来客人选定的酒，在客人桌边用左手托住瓶底，右手握住瓶口，使瓶口朝上呈45°角，酒标对着客人向客人示酒
2. 开酒	（1）用准备好的开酒刀切开瓶酒封口，揭去封口顶部 （2）如开红酒，需用毛巾清洁瓶口，插入酒钻，转动钻柄直至钻头全部进入瓶塞 （3）轻轻松动酒钻，拔出瓶塞，此时不得转动或摇动酒瓶
3. 请客人检查确认	酒塞出瓶后，应放在骨碟上，呈送至客人面前，请检查瓶塞上商标与贴纸内容是否一致，经客人确认没有问题后，才可斟酒
4. 请客人事先品尝	先用餐巾擦净瓶口和瓶身，在主人杯中倒2厘米深的酒，并帮助客人轻轻晃动一下酒杯后，请客人尝酒，并说："请您先品尝一下，好吗？"
5. 斟酒	右手握住酒瓶，左手拿餐巾或托盘，右脚跨前踏在两椅之间，举瓶高低适当；倒完酒后，把瓶子往右转动，防止滴淌杯外
6. 斟添	斟酒后要注意观察，发现客人杯中的酒剩1/3时，应及时斟添

（4）斟酒应注意的规范事项。

①斟酒时，服务员应站在客人身后右侧，左手托盘或拿餐巾，右手持瓶，使酒标朝外进行操作，所有酒水服务都应从客人右侧进行，不可"左右开弓"。

②斟酒应从主宾开始，按顺时针方向绕台进行，在倒酒前应示意一下，如客人不需要则予以调换；客人如带女士一同进餐，应先给女士斟酒。

③斟酒时，瓶口不可靠近酒杯，但也不宜过高，过高则容易溅出杯外。

④瓶内酒越少，出口的速度越快，因此要掌握好酒瓶的倾斜度。

⑤斟啤酒等发泡酒，因泡沫较多，倒的速度应慢些或让酒沿着杯壁流下，但斟酒时不可用手拿杯。

⑥斟红酒或白酒时，用右手抓住瓶身下方，瓶口略高于杯1~2厘米，斟完酒后将瓶口提高3厘米并旋转45°后撤走，使最后一滴酒均匀分布于瓶口不致滴下。斟酒完毕，应用餐巾擦净瓶口溅出的酒。

（续）

⑦斟酒时不可太满，烈性酒盛 3/4 杯，红酒盛 2/3 杯即可。拿杯时，手不要触摸杯口。 ⑧未斟完的酒水，应将酒瓶放在为客人准备的小酒车上，酒车停放在餐台旁边。				
签阅栏		签收人请注意：在此签字时，表示您同意以下两点内容。 1. 本人保证严格按此文件要求执行。 2. 本人有责任在发现问题时，第一时间向本文件审批人提出修改意见。		
相关说明				
编制人员		审核人员	审批人员	
编制日期		审核日期	审批日期	

五、中餐席间服务标准与规范

酒店餐饮部服务标准与服务规范文件		文件编号		版本	
标题	中餐席间服务标准与规范	发放日期			

1. 餐前准备服务

（1）为客人打开餐巾，铺在客人面前的餐台上。

（2）从客人右侧撤下茶杯。

（3）递送香巾、上茶水。

2. 上菜服务

（1）点菜结束 10 分钟内上齐凉菜，15 分钟后按顺序开始上热菜。

（2）上菜时，应按"上菜服务标准与规范"中的相关规定进行。

（3）如需佐料的菜品，要先上佐料后上菜；上虾、蟹等菜需配有洗手盅，并递上洁净的热毛巾。

（4）若客人未点主食，应及时提示客人。

（5）上菜时，要询问客人是否需要分菜。如不需要，可通知厨房上菜速度快些。

（6）上汤或羹时，应为客人将汤或羹分到碗中。

（7）检查点菜单及台上的菜是否上齐，如有错单及遗漏，要及时通知厨房为客人先制作。

（8）客人所点的菜若已沽清或暂时无材料，要及时告知客人，并询问客人是否需要换菜，若客人表示同意，则可为客人立即下单，并让厨房快速地为客人制作。

（9）菜上齐后，需通知客人，并询问客人对菜品的意见及是否需要加菜。

3. 餐中其他服务

（1）服务过程中勤巡台，勤收盘，勤换骨碟和烟灰缸，但绝不能在客人进食时撤换。

（续）

（2）若客人把骨头或渣堆放在桌上，应用分羹夹夹起，放在骨碟上拿走。在清理时，应向客人说明："打扰了，先生/女士，请让我帮您清理一下。"

（3）若有汤渍等打翻，要先用口布吸干，再将干净的口布铺在上面，要经常保持台面的清洁。

（4）收空盘时，动作要轻，避免汤渍洒落在客人身上，有相应的调味品和酱汁也应一并撤走。

（5）及时更换香巾、茶水，整理台面，整个用餐过程需要视具体情况多次更换热毛巾。

（6）餐中服务一般都遵循右上右撤的原则，也可灵活运用，提供令客人满意的服务。

（7）在服务过程中尽可能地满足客人的服务需求，若对某些问题不能确定，不可随便地回答或答应客人，需汇报上级后再做决定。

（8）餐中在为客人提供清理服务完毕后，对客人的配合，要表示感谢。

4. 餐尾服务

（1）上水果前应为每位客人发热毛巾，撤换干净的骨碟，并摆果叉一副。

（2）客人点甜品后，要征得客人同意后撤走餐具，并在上甜品时跟上相应的餐具。

（3）餐后，换上洁净的热毛巾，并送上热茶。

签阅栏		签收人请注意：在此签字时，表示您同意以下两点内容。 1. 本人保证严格按此文件要求执行。 2. 本人有责任在发现问题时，第一时间向本文件审批人提出修改意见。	
相关说明			
编制人员	审核人员		审批人员	
编制日期	审核日期		审批日期	

六、中餐上菜服务标准与规范

酒店餐饮部服务标准与服务规范文件		文件编号		版本	
标题	中餐上菜服务标准与规范	发放日期			

1. 餐厅领班要检查菜品的质量及数量

（1）每一道菜都从色、香、味、形、量上符合标准，不合标准的应立即退给厨师长。

（2）传菜员在确认菜品新鲜、不变质的前提下，才可以将菜送进餐厅。

2. 传菜员送菜到客人的餐桌旁

（1）传菜员送菜至客人餐桌旁，并礼貌地向客人打招呼。

（2）餐厅服务员协助检查菜品的种类、分量是否与客人所点菜单一致。如不一致，应立即退回厨房请厨师长解决。

（续）

（3）如餐厅服务员不能及时协助上菜时，传菜员应将托盘放在附近操作台上，小心地为客人上菜。

3. 餐厅服务员上菜

（1）餐厅服务员要留意传菜员，及时为客人上菜。

（2）上菜前，应核对台号、菜名，确保准确上菜。

（3）上菜时，清晰、准确地为客人报菜名。

（4）上菜要分主次，先上配料后上菜。

（5）每一道新菜上台后，都先转向上宾和主人之间，用手势示意，请宾主享用。

（6）上菜时，应在指定的位置上，同时应尽量避免干扰客人。如果餐碟较烫，应提醒客人小心。

（7）避免在儿童旁边上菜。

（8）当上至第二、三道菜时，应主动上前询问宾主是否对菜品满意。如果得到客人的反馈，应及时与厨房沟通，在剩下的菜式制作过程中给予修正。

（9）点菜时未点主食的，应在上菜过程中主动询问客人是否需要主食。

（10）当上最后一道菜时，要告知客人菜已上齐，并向客人做进一步的促销。

4. 妥善解决客人关于菜品的投诉

（1）如果客人投诉菜品，餐厅服务员应向客人表示诚恳的歉意，马上撤掉此道菜，退回厨房，并立即通知餐厅领班或经理。

（2）餐厅领班或经理向客人道歉，征得客人的同意后，请厨师长重新制作此道菜，并保证质量。

（3）餐厅营业结束后，将客人的投诉记录在餐厅的每日报表上，并通知餐饮总监。

签 阅 栏		签收人请注意：在此签字时，表示您同意以下两点内容。 1. 本人保证严格按此文件要求执行。 2. 本人有责任在发现问题时，第一时间向本文件审批人提出修改意见。	
相关说明			
编制人员		审核人员		审批人员	
编制日期		审核日期		审批日期	

七、中餐分菜服务标准与规范

酒店餐饮部服务标准与服务规范文件		文件编号		版本	
标题	中餐分菜服务标准与规范	发放日期			

一、了解中餐分菜的工具并掌握其使用方法

（一）了解中餐分菜的主要工具

中餐分菜的主要工具包括分菜叉（服务叉）、分菜勺（服务勺）、公用勺、公用筷、长把汤勺。

（二）掌握中餐分菜工具的使用方法

1. 分菜叉、分菜勺的使用方法如下。

（1）服务员右手握住叉的后部，勺心向上，叉底部向勺心。

（2）在夹菜和夹点心时，主要依靠手指来控制叉和勺。

（3）右手食指插在叉和勺把之间，与拇指酌情合捏住叉把，中指控制勺把，无名指和小指起稳定作用。

（4）分带汁菜时，应用分菜勺盛汁。

2. 公用勺和公用筷的用法：服务员站在与主人位置呈90°角的位置上，右手握公用筷，左手持公用勺，相互配合将菜分到客人的餐碟中。

3. 长把汤勺的用法：分汤菜，汤中有菜时需用公用筷配合操作。

二、掌握分菜的基本要求

（一）分菜前先展示菜品

将菜品向客人展示，并介绍菜名和特色后，方可分菜。

（二）分菜时检查菜品质量

分菜时留意菜的质量和菜内有无异物，及时将不合标准的菜送回厨房更换。

（三）分菜其他基本要求

1. 若分带有骨头的菜（如鱼、鸡）时，应剔除大骨头。

2. 分菜时，要胆大心细，掌握好菜的份数与总量，做到分派均匀。

3. 凡配有佐料的菜，在分派时要先蘸（夹）上佐料，再分到餐碟里。

三、掌握分菜的方法及其步骤

（一）餐盘分让式分菜步骤

1. 服务员站在客人的左侧，左手托盘，右手拿叉和勺。

2. 在客人的左侧将菜分派给客人。

（二）二人合作式分菜步骤

1. 服务员将菜盘与客人的餐盘一起放在转台上。

2. 服务员用叉和勺将菜分派到客人的餐盘中。

3. 由客人自取或由服务员协助将餐盘送到客人面前。

（续）

（三）分菜台分让式分菜步骤

1. 服务员将菜在转台向客人展示，由服务员端至分菜台。

2. 服务员在分菜台将菜分派到客人的餐盘中。

3. 将各个餐盘放入托盘中，同时将客人面前的污餐盘收走。

4. 将菜托送至餐桌边，用右手从客人的左侧放到客人的面前。

四、熟悉特殊情况的分菜要求

（一）对特殊客人的分菜

1. 客人只顾谈话而忽视吃菜。遇到这种情况时，服务员应抓住客人谈话出现的短暂停顿间隙向客人介绍菜品，并以最快的速度将菜品分给客人。

2. 遇到客人带儿童用餐时，菜应先分给儿童，然后按常规顺序分菜。

3. 对老年人，应采取快分慢撤的方法进行服务。分菜步骤也可分为两步，即先少分再添加。

（二）特殊菜品的分派

1. 汤类菜品的分派：先将盛器内的汤分进客人碗内，再将汤中的原料均匀地分入客人的汤碗中。

2. 造型菜品的分派。

（1）一般情况下，应将造型菜品均匀地分给每位客人。

（2）如果菜品体积较大，可先分一半，处理完上半部分造型物后再分其余的一半；也可将可食用的造型物均匀地分给客人，不可食用的分完后撤下。

3. 卷食菜品的分派：一般情况是由客人自己取拿卷食，如遇到老人或儿童多的情况时，则需要提供分菜服务。

（1）服务员将吃碟摆放于菜品的周围。

（2）放好铺卷的外层，然后逐一将被卷物放于铺卷的外层上。

（3）最后逐一卷上送到每位客人的面前。

4. 拔丝类菜品的分派：由一名服务员取菜分类，另一名服务员快速地递给客人。

签阅栏		签收人请注意：在此签字时，表示您同意以下两点内容。 1. 本人保证严格按此文件要求执行。 2. 本人有责任在发现问题时，第一时间向本文件审批人提出修改意见。
相关说明		
编制人员		审核人员		审批人员	
编制日期		审核日期		审批日期	

八、中餐餐后服务标准与规范

酒店餐饮部服务标准与服务规范文件		文件编号		版本	
标题	中餐餐后服务标准与规范		发放日期		

1. 送客

（1）在客人离开时，餐厅经理及领班主动征询客人意见，并做好记录工作。

（2）在客人未离开时，继续茶水服务，严禁在语言、表情、动作上流露出催促之意。

（3）当客人离开时，应主动拉椅，提醒客人不要遗落物品。

2. 检查

（1）当客人离开时，检查客人是否有遗留物品，一经发现应及时交还客人，如客人已离去，应交当班领班处理。

（2）检查是否有仍在燃烧的烟头，如有应及时熄灭。

（3）检查各种用品的完好性，如有短缺应及时告知当班领班，以便采取相应措施。

3. 拉齐餐椅

4. 收台

（1）有休息区的区域：先整理休息台、沙发，然后再收餐桌台面。

（2）及时收台。收无油渍物品，顺序如下：口布、毛巾→银器→筷子、筷架→玻璃器皿→瓷器（注意大小分类叠放，小在上、大在下）。

（3）及时清点餐具与布草，登记后及时传送至管事处。

5. 清洁

（1）清洁台面：使用专用的清洁用布擦拭台面，直至台面擦亮为止。

（2）整理餐椅、餐桌周围的环境，并保持整齐。

（3）清洁和整理操作台、工作用品。

（4）处理垃圾、杂物。

6. 重新布置

（1）按摆台要求重新摆台。

（2）擦净并补充操作台的用品、用具等。

（3）检查席面摆位是否达到要求。

（4）打开厅房的门，确保空气流通。

签阅栏		签收人请注意：在此签字时，表示您同意以下两点内容。 1. 本人保证严格按此文件要求执行。 2. 本人有责任在发现问题时，第一时间向本文件审批人提出修改意见。		
相关说明				
编制人员		审核人员	审批人员	
编制日期		审核日期	审批日期	

九、中餐结账服务标准与规范

酒店餐饮部服务标准与服务规范文件		文件编号		版本	
标题	中餐结账服务标准与规范	发放日期			

1. 准备账单

（1）应在最后一道菜上过后，将账单准备好，以免客人等候。

（2）一般要等客人要求结账或示意买单时，快速送上账单。

（3）服务员告诉收银员所要结账的台号，并检查账单台号、人数、菜品及饮品消费额是否正确。

2. 呈递账单

（1）呈递账单前，应先行询问客人是否还有别的需要，如分单或打英文账单，若有，应事先通知收银员。

（2）将取到的账单夹在结账夹内，于客人右侧打开结账夹，右手持夹上端，左手轻托结账夹下端，递至客人面前，请其检查。注意不要让其他客人看到账单。

（3）若是多位客人，应尽可能辨明付款者。如无法判定谁是付款人（所有的定菜事先未交待分开而记在一张账单上），则将账单置于餐桌的正中，以免造成尴尬场面。

（4）当一男一女在一起进食时，账单送给男士。若此二人各自叫菜另有吩咐而有各自的账单除外。

（5）呈上账单，道谢后应随即保持距离，待客人将银钱准备妥当后再上前收取，并当面将现金复点一遍；如是伴同客人到收银台付账也应站离远一点，以免有等候小费之嫌。

（6）结账完毕，应向客人说声"谢谢"。

3. 不同结账方式的结账程序

结账付款方式一般包括付现、签单、使用支票、使用信用卡，其结账手续稍有不同，具体见下表。

不同结账方式下的结账程序

结账方式	结账服务程序
1. 客人签单	（1）如客人是本酒店的住店客人，服务员在为客人送上账单的同时，为客人递上笔，并礼貌地提示客人需写清房间号、姓名并签字，以凭此转入酒店大柜台结账 （2）客人签好后，服务员将账单重新放入结账夹，拿起结账夹，并真诚地感谢客人

（续）

结账方式	结账服务程序
2. 现金结账	（1）如客人付现金，应在客人面前清点钱数，并请客人等候，将账单及现金快速送收银处 （2）收银员收现金时需唱票唱收，且在账单三联上盖上"现金收讫"章 （3）待收银员收完钱后，服务员将账单第一页及所找零钱夹在结账夹内，送还客人 （4）服务员站立于客人右侧，打开结账夹，将账单第一页及所找零钱递给客人，同时真诚地感谢客人 （5）接受外币结账时，应将兑换率及消费金额详列，并填写兑换水单，请客人签字 （6）客人确定所找钱数正确后，服务员应迅速离开餐桌
3. 信用卡结账	（1）如客人使用信用卡结账，服务员应询问客人有无交易密码 （2）若无交易密码，服务程序如下 ①请客人稍等，快速将信用卡和账单送回收银处 ②收银员做好信用卡收据，服务员将收据、账单和信用卡夹在结账夹内拿回餐厅 ③将结账夹打开，从客人右侧递上笔，请客人分别在账单和信用卡收据上签字 ④检查是否与信用卡上的签名一致 ⑤将账单第一页、信用卡收据中的存根页及信用卡递给客人，并真诚地感谢客人 （3）若客人的信用卡需凭密码交易，则应礼貌地请客人一同前往收银处
4. 支票结账	（1）如客人支付支票，应请客人出示身份证或护照及联系电话，然后将账单及支票证件同时送到收银处 （2）收银员结完账并记录下证件号码及联系电话后，服务员将账单的第一联及支票存根核对后送还给客人，并真诚地感谢客人 （3）如客人使用密码支票，应请客人说出密码，并认真记录。结完账后，服务员把账单第一页及支票存根交还客人时，在客人面前销毁密码，并真诚地感谢客人

4. 结账后的对客服务

（1）结完账后要礼貌地向客人道谢。

（2）如客人结完账却未马上离开餐厅，服务员应继续提供服务，为客人添加茶水，及时更换烟灰缸。

5. 结账注意事项

（1）凡涂改或不洁的结账单，不可呈给客人。

（续）

	（2）结账单送上而未付款者，服务员要留意防止客人逃、漏账。 （3）付款时，钱应当面点清；对于外籍客人，可用加法方式算账找钱。 （4）钱钞上附有细菌，取拿后，手指不可接触眼睛、口鼻及食物。 （5）服务员不得向客人索取小费。	
签阅栏		签收人请注意：在此签字时，表示您同意以下两点内容。 1. 本人保证严格按此文件要求执行。 2. 本人有责任在发现问题时，第一时间向本文件审批人提出修改意见。
相关说明		
编制人员	审核人员	审批人员
编制日期	审核日期	审批日期

十、客房送餐与收餐服务规范

酒店餐饮部服务标准与服务规范文件		文件编号		版本	
标题	客房送餐与收餐服务规范	发放日期			

一、客房送餐服务规范

1. 按《送餐准备工作标准》进行准备。

2. 送餐应走规定的线路，乘专用电梯。

3. 送餐时遇到客人应主动打招呼、让路，请客人先过。

4. 到客房前先核对送餐时间与房号，然后敲门，报"客房送餐员"，征得客人同意后方可进入。

5. 按客人的要求摆放餐车的位置。

6. 铺好餐巾、整理餐具，并按客人的要求摆放菜品、酒水及饮料。

7. 取菜品的同时，主动向客人介绍菜品的特色和做法，并为客人服务酒水。

8. 请客人结账，提醒其核实无误后签单确认。

9. 待客人签完单后，与其礼貌道别，然后轻轻关上房门，请客人慢用。

10. 客房送餐员回到工作岗位后，须及时做好订餐记录，以方便及时收回餐具用品，同时记录账单号码，将客人所签账单送到收银处。

二、客房收餐服务规范

1. 接到收餐电话或按照同客人约定的收餐时间开展收餐服务。

2. 收餐时，客房送餐员须先检查订餐记录，确认房间号与收餐时间，若是电话告知收餐，应告知客人自己预计到达客人房间的时间。

（续）

		签收人请注意：在此签字时，表示您同意下述两点内容。
签 阅 栏		1. 本人保证严格按此文件要求执行。 2. 本人有责任在发现问题时，第一时间向本文件审批人提出修改意见。
相关说明		
编制人员	审核人员	审批人员
编制日期	审核日期	审批日期

上表前文字：

3. 客房送餐员接到客房收餐具的通知时，须先敲门，再按门铃，报"客房送餐员"。

4. 客人开门后，问候客人，询问客人能否可以进房间收餐具。待客人同意后，方可进入。

5. 迅速整理餐盘或餐车，检查是否有客人物品混在其中。

6. 客房送餐员收完餐具后，应礼貌地询问客人是否还有其他需求。

7. 若客人提出其他服务需求，客房送餐员应予以记录，并及时传达至相关部门或人员。

8. 若客人确认无需求后，向客人致谢和道别，立即退出客房。

9. 客房送餐员在离开客人房间后，检查楼层内是否有送餐部的物品，若有，一并带回送餐部。

10. 客房送餐员在收餐记录本上填写相关内容，做好收餐记录。

第五节　中餐厅服务常用文书与表单

一、团队订餐单

编号：

定餐人员姓名	订餐单位	订餐人数	餐类	每人标准	订餐费用报账单位	订餐根据	工号	填单日期	备注

审核人：　　　　　　　　　　　　　　　　制表人：

二、散客订餐单

房号		姓名		国籍	
订餐时间	___年___月___日___时___分				
用餐日期	___年___月___日		用餐时间	___时___分	
人数		台数			
每人（台）标准					
有何特殊要求					
订餐处理记录					
	餐饮部承办人		经手人		
	承办时间		经办时间		

三、客人点菜单

编号： 台号（桌号）：

日 期		时 间		人 数	
冷 菜					
菜名		数量		金额	
热 菜					
主 食					
合计金额					

服务员： 日期：___年___月___日

四、客人酒水单

台号（桌号）：   人数：   酒水单编号：

类别	品名	单价	数量	金额

填写说明："类别"栏可填进口烈酒、中国烈酒、葡萄酒、啤酒、软饮和果汁5类。

填单人：   日期：＿＿年＿＿月＿＿日

五、客房送餐记录表

编号：   日期：＿＿年＿＿月＿＿日

订餐人	房号	送餐时间	收餐时间	菜品名称	送餐员	备注

六、中餐厅账单

编号：   日期：＿＿年＿＿月＿＿日

餐厅编号					
日期	项目	数量	单价	金额	备注
房号		客人签名		日期	
金额		服务员		日期	

七、中餐厅每日经营台账

中餐厅编号：　　　　　　　　　　日期：＿＿＿年＿＿＿月＿＿＿日　　　　　　　　　　单位：元

项目	当日发生金额		当月累计金额		当年累计金额	
	本期	去年同期	本期	去年同期	本期	去年同期
1. 营业收入合计						
其中：菜品收入						
饮料收入						
2. 营业收入形式						
（1）现钞收入						
（2）支票收入						
（3）信用卡收入						
（4）应收账款						
3. 现金支付营业费用						

八、菜品质量客人意见反馈表

部门：　　　　　　　　　负责人：　　　　　　　　　日期：＿＿＿年＿＿＿月＿＿＿日

日期	餐厅别	厅/桌号/包厢	菜品名称	客人意见	值台服务员	厨房当班负责人
备注						

备注：
1. 按客人的意见如实要求填写此表
2. 如遇当月未反馈客人意见，部门经理也应在表格上说明本月未反馈客人意见，签名后于每月最后一个工作日下午 5：00 前交至相关部门

九、中餐厅员工月度考核汇总表

餐厅：　　　　　　　　　汇总人：　　　　　　　　　餐厅经理：

岗　位	业务考核指标	考核时间	考核结果	备注
领　班				
迎宾员				
服务员				

（续）

岗　位	业务考核指标	考核时间	考核结果	备注
划菜员				
传菜员				
酒水员				

十、酒水标准成本与售价记录表

瓶酒代号	饮料名称	每瓶容量		每瓶成本	每盎司成本	每杯容量	每杯成本	每杯售价
		毫升	盎司					

第六节　中餐厅服务质量提升问题解决方案

一、中餐引座服务方案

标　题	中餐引座服务方案		文件编号		版本	
执行部门		监督部门		考证部门		

1. 中餐引座的标准

（1）客人人数的多少。

（2）客人到餐厅的顺序。

（3）客人的穿着和年龄。

（4）客人之间的关系。

2. 中餐引座的具体方法

（1）根据客人人数安排位置，使客人就餐人数与桌面容纳能力相对应，以充分利用餐厅的服务能力。

（2）引座时，应向客人做诚意推荐，在引座、推荐过程中应尊重客人的选择。

（3）第一批客人到餐厅就餐时，可以将他们安排在比较靠近入口或距离窗户较近的位置，使后来的客人感到餐厅人气旺盛，从而营造出热闹的就餐氛围。

（续）

（4）对于带小孩的客人，应尽量将他们安排在距离通道较远的位置，以保证小孩的安全，也利于餐厅的服务。 （5）对于着装鲜艳的女宾，可以将其安排在较为显眼的位置，以增添餐厅的亮色。 （6）对于来餐厅就餐的情侣，可以将他们安排在较为僻静的地方。 （7）餐厅营业高峰时，负责引座的员工要善于做好调度、协调工作，及时、灵活地为客人找到就餐位置，掌握不同桌面客人的就餐动态。	
相关说明	

二、中餐点菜推销方案

标　　题	中餐点菜推销方案		文件编号		版本	
执行部门		监督部门		考证部门		

一、推销基本方法

开始点菜时，服务员可通过"一看、二听、三问"的技巧来细心观察客人的表情，仔细揣摩客人的心理。

1. "看"，看客人的年龄、举止和情绪，是外地人还是本地人，是吃便饭还是洽淡生意或宴请朋友聚餐，观察谁是主人谁是客人。

2. "听"，听口音，判断地区或从客人的交谈中了解其与同行人员之间的关系。

3. "问"，询问客人的饮食需要，从而向客人推荐适当的菜品。

二、选择推销时机

1. 点菜前的推销。

2. 点菜时的推销。

3. 菜上齐后的推销。

三、点菜前和点菜时的推销

当客人在点菜时，可以利用客人的不同消费动机进行推销。

1. 吃便饭的客人一般包括两大类：一是外地客人出差、旅游、学习而住在本酒店，就近解决吃饭问题；二是有的客人居住在酒店附近，因某种需要到餐厅用餐。

这些客人对菜品的要求是经济、实惠、便捷，此时服务员应推荐价廉物美、有汤有菜、制作时间短的菜品。

2. 以调剂口味来用餐的客人，大部分是慕名而来，想要尝尝酒店的风味特色和招牌菜。

针对这类客人，服务员应注意多介绍一些反映酒店特色的菜品，数量上要少而精。

3. 以商务宴请为目的的用餐，客人一般都讲究排场，菜的品种要求丰盛、菜式精美、分量充足，且在一定的价格范围之内。

（续）

针对这类客人，服务员应主动向其推荐酒店中档以上，且价格不是特别昂贵的菜品。

4. 以聚餐为目的的客人一般要求热闹，边吃边谈，菜品要求一般，品种丰富而不多，精细而不贵，有时会每人点一个自己喜欢吃的菜，有的也喜欢配菜等。

针对这类客人，服务员应主动向其推荐价廉物美、方便制作的菜品。

5. 对于已形成某种饮食惯性的客人，表现出偏好某一种小吃、某一菜品的风味、信奉某一餐厅或某一厨师的声誉。

在为这类客人服务时，应注意与客人打招呼，并试问："××先生，是和上次一样吗，还是另外点？我们今天推出了×××，是您以前没有用过的。"

四、菜上齐后的推销

菜上齐后，及时提醒客人："各位，打扰一下，你们的菜已上齐，请慢用。若还有其他需要，我非常愿意为大家效劳。"

五、菜品推销的注意事项

1. 根据客人的心理需求，尽力向客人介绍时令菜、特色菜、招牌菜、畅销菜。

2. 客人点菜过多或在原料、口味上有重复时，应及时提醒客人。

3. 客人已点菜品沽清时，及时告诉客人换菜，并推荐与沽清菜品相似的菜品。

4. 应尽力推销酒店的急推菜品，以最大限度地减少酒店的损失。

5. 在菜品推销或点菜的过程中，应注意酒水的推销。推销时，应注意下列两点。

(1) 酒水员应牢记酒水的名称、产地、香型、价格、特色、功效等内容。

(2) 回答客人疑问时要准确、流利，不得使用"差不多""也许""好像"等含糊不清的词语。

6. 绝对禁止恶意推销。

相关说明	

三、中餐上菜服务方案

标　　题	中餐上菜服务方案		文件编号		版本	
执行部门		监督部门		考证部门		

1. 上菜顺序

(1) 中餐上菜的基本顺序如下：冷盘→热菜→炒菜→大菜→汤菜→炒饭→面点→水果。

(2) 传菜员离开厨房进餐厅前，应检查托盘的清洁，依服务顺序将菜品放置在托盘上，并注意食物的美观和温度。

(3) 传菜时应用托盘，切不可贪图省事一次端太多，以免发生意外。

2. 上菜时机和服务位置

(1) 上菜时，可以将凉菜先送上席。

（续）

（2）当客人落座开始就餐后，餐厅员工即可通知厨房做好出菜准备，待到凉菜剩下 1/3 左右时，传菜员即可送上第一道热菜。

（3）当前一道菜吃完一半时，服务员就要将下一道菜送上。上菜时，不能一次上得过多，避免餐桌上空间不够；也不能上得过少，使餐桌上出现空盘。

（4）传菜员取菜回到餐厅时，应先将托盘放置在操作台上，在服务员的协助下到餐桌打招呼，顺便收取脏的茶杯、烟灰缸，以腾出放置下一道菜的空间。

（5）上菜时，应从客人的左侧端上；上饮料时，则从右侧送上。

（6）上菜时，一般要以第一主人作为中心，从餐桌的左侧位置上菜，撤盘时则从餐桌的右侧位置进行。

（7）上菜或撤盘时，都不应当在第一主人或主宾的身边操作，以免影响主客之间的就餐和交谈。

3. 上菜中的习惯与礼貌

（1）上菜时要轻巧，不要弄出声音，端送盘、碟、碗时，要以四指支撑底部，拇指轻按边缘，不可触及食物。

（2）要注意菜品最适宜观赏一面位置的摆放。例如，菜品上有孔雀、凤凰图案的拼盘时，应当将其正面放在第一主人或主宾的面前，以方便第一主人与主宾欣赏。

（3）第一道热菜应放在第一主人和主宾的前面，没有吃完的菜则移向副主人一边，后面的菜可遵循同样的原则摆放。

（4）遵循"鸡不献头、鸭不献尾、鱼不献脊"的传统礼貌习惯，即在给客人送上鸡、鸭、鱼一类的菜时，不要将鸡头、鸭尾、鱼脊对着主宾。

（5）上热汤时，应提醒客人小心烫伤。

相关说明	

四、中餐摆菜服务方案

标　　题	中餐摆菜服务方案		文件编号		版本	
执行部门		监督部门			考证部门	

1. 摆菜时不宜随意乱放，而要根据菜的颜色、形状、菜种、盛具、原材料等因素，讲究艺术造型。

2. 中餐宴席中，一般将大菜、重头菜放在餐桌的中间位置，砂锅、炖盆之类的汤菜通常也摆放在餐桌靠中间的位置。散座中，可以将主菜或高档菜放到餐桌中心位置。

3. 摆菜时要使菜与客人的距离保持适中。

（1）散座摆菜时，应当将菜摆放在靠近小件餐具的位置上。

（续）

（2）餐厅营业高峰，若两批客人同坐于一个餐桌上就餐时，摆菜要注意分开，不同批次客人的菜向各自方向靠拢，不能随意摆放，否则容易造成误解。 4. 要注意菜品最适宜观赏一面位置的摆放。要将这一面摆在适当的位置，一般宴席中的头菜，其观赏面要朝向正主位置，其他菜的观赏面则对向其他客人。 5. 当为客人送上头菜或一些较有风味特色的菜时，应首先考虑将这些菜放在主宾与主人的前面，然后在上下一道菜时再移至餐桌的其他位置。	
相关说明	

五、餐盘撤换服务方案

标　　题	餐盘撤换服务方案		文件编号		版本	
执行部门		监督部门		考证部门		

1. 在恰当的时机撤换餐盘

一般来说，服务员应于以下四个时间段将客人用过的餐盘予以撤换。

（1）客人在用完冷菜之后、传菜员准备上热菜之前。

（2）荤菜与素菜交替食用的时候。

（3）上甜点与水果之前。

（4）当客人吃过汤汁较浓的菜后。

2. 撤换餐盘的操作要点

（1）撤换餐盘时应注意礼貌，站在客人右侧用右手将餐盘撤回放到托盘中。

（2）撤餐盘时不拖沓，不能当着客人的面刮擦脏盘，不能将汤水及菜洒到客人身上。

（3）如果客人还要食用餐盘中的菜，服务员应将餐盘留下或在征求客人意见后将菜并到另一个餐盘中。

（4）撤餐盘时，应将吃剩的菜或汤在客人右边用碗或盘装起来，然后将同品种、同规格的餐盘按直径由大到小的顺序自下而上摆放整齐。

相关说明	

六、酒水洒客身处理方案

标　　题	酒水洒客身处理方案		文件编号		版本	
执行部门		监督部门			考证部门	

当服务员不慎将酒水洒在客人身上时，应立即采取下列措施进行处理。

1. 服务员应马上向客人道歉。

2. 用干净的口布或纸巾为客人擦拭衣服上的水迹。

3. 迅速将浸湿的用具拿走。

4. 领班或经理再次向客人道歉，并征求客人是否愿意换下衣服，由酒店免费为客人清洗。如客人同意清洗，应马上通知洗衣房，在最短的时间内帮客人洗净送还，并再次道歉。

相关说明	

七、结束营业前对客服务方案

标　　题	结束营业前对客服务方案		文件编号		版本	
执行部门		监督部门			考证部门	

餐厅在结束营业或关门前，服务员应向仍在餐厅的客人礼貌地提供以下相关服务。

1. 为客人送上菜单

（1）餐厅营业结束前10分钟，服务员手拿菜单，站在客人的右侧，轻声告诉客人，餐厅将要关门，询问客人是否还需要添加食物。

（2）如客人决定添加食物，服务员应马上打开菜单，将菜单递给客人，并表示愿意为客人提供服务。

（3）如客人不再添加食物，服务员应诚恳地为打扰客人谈话而道歉。

2. 为客人做最后的订单

（1）若客人添加食物，服务员应礼貌地向客人介绍，以便客人快速选择。

（2）客人确定食物后，服务员应马上填写订单并快速送至厨房。

（3）待食物送进餐厅后，立即为客人提供上菜、分菜或其他相关服务。

相关说明	

岗位职责
+
绩效标准

工作程序
+
关键问题

执行技巧
+
解决方案

常用文书
+
工作表单

第三章

西餐厅精细化管理

第一节　西餐厅岗位描述

一、西餐厅岗位设置

西餐厅岗位设置	人员编制
餐饮部经理 餐饮部副经理	部门经理级 ＿＿人
西餐厅经理	经理级 ＿＿人
西餐厅领班	领班级 ＿＿人
迎宾员　服务员　传菜员　酒水员	员工级 ＿＿人

二、西餐厅经理岗位职责

岗位名称	西餐厅经理	所属部门	餐饮部西餐厅	编　号	
直属上级	餐饮部副经理	直属下级	西餐厅领班	晋升方向	
所处管理位置	餐饮部副经理 咖啡厅经理　西餐厅经理　酒吧经理 西餐厅领班				

（续）

职责概述	在餐饮部副经理的领导下，负责西餐厅的日常运营与管理工作，组织西餐厅员工向客人提供优质、高效的餐饮服务，提高西餐厅的经营收益	
职　　责	职责细分	职责类别
1. 参与制订西餐厅经营计划与规范性文件	（1）在餐饮部副经理的指导下，主持制定西餐厅各项规章制度，并监督实施，不断完善西式服务、酒吧服务及提高西餐菜品的质量	周期性
	（2）参与制定、修订西餐厅各项服务工作规范与工作标准，检查相关人员对各项规章制度的执行情况，发现问题应及时纠正和处理	周期性
	（3）参与制订西餐厅的年度、月度工作计划，带领领班、员工积极完成各项接待任务和经营指标，努力提高餐厅的销售收入	周期性
	（4）参与制订餐饮部的业务计划，根据季节和市场需求参与编写西餐厅的早餐菜单、正菜单及酒水单	周期性
2. 西餐厅日常运营管理	（1）做好西餐销售工作，根据市场情况和不同时期的需要，制订促销计划、有特色的食品及时令菜式和饮品的推销计划等	日常性
	（2）全面掌握西餐厅预订情况和重要接待活动，主持召开西餐厅有关会议	日常性
	（3）做好西餐厅领班的排班工作，保证西餐厅对客服务正常、有序地进行	日常性
	（4）抓好西餐厅的卫生及安全工作，定期组织卫生及安全检查，开展经常性的安全保卫、防火教育，确保西餐厅的安全	日常性
3. 客人接待与投诉处理	（1）亲自督导或参加贵宾的迎送、接待工作，积极征求客人的意见和建议，并及时解决出现的问题	特别工作
	（2）组织处理客人投诉，积极听取客人对西餐厅服务和餐品的评价，及时采取对策，为客人提供良好的用餐环境	日常性
	（3）监督建立并完善西餐厅客户接待档案，并汇总存档	日常性

（续）

职 责	职责细分	职责类别
4. 上传下达与协调工作	（1）参加餐饮部经理主持的部门工作例会，并于开餐前召开西餐厅班前会，传达部门工作例会的内容并布置当日的任务	日常性
	（2）及时填写西餐厅日报表，将餐厅经营情况拟成日工作报告，并及时向负责西餐厅的副经理汇报	日常性
	（3）每月月底，分析西餐厅月度经营状况、本月发生的重大事项，及时向负责中餐厅的副经理汇报	周期性
	（4）负责与各厨房、管事部等相关部门保持良好的沟通、协调与合作，及时处理各类突发事件	日常性
5. 西餐厅收入管理与成本控制	（1）审核西餐厅的营业收入，做好结账控制工作，杜绝舞弊行为发生	日常性
	（2）建立物资管理制度，督导相关人员对西餐厅设备、物资、用具等实行严格管理，最大程度地降低西餐厅的运营成本	日常性
6. 西餐厅员工管理	（1）负责中餐厅领班的任用、晋升的提名工作	特别工作
	（2）制订西餐厅员工培训计划，有计划地组织开展西餐服务、酒水、西餐方面的培训活动，提升服务人员的业务熟练程度	日常性
	（3）负责对下属领班及其他管理人员的检查和考核，参与评估员工的各项工作表现和纪律行为	日常性

三、西餐厅领班岗位职责

岗位名称	西餐厅领班	所属部门	餐饮部西餐厅	编　号	
直属上级	西餐厅经理	直属下级	西餐厅服务人员	晋升方向	
所处管理位置					

（续）

职责概述	在西餐厅经理的领导下，严格贯彻本酒店的经营方针和各项规章制度，负责所在班组的日常管理，组织服务人员做好客人接待工作	
职　责	**职责细分**	**职责类别**
1. 班组的日常管理	（1）参加西餐厅经理召开的工作例会，了解每日的预订、接待及入住情况，并召开班前例会，布置工作	日常性
	（2）合理安排员工的排班，保证各服务环节的衔接，有序、顺利地开展客人就餐接待工作	日常性
	（3）每日营业前，向服务员布置任务，并督导服务员的服务工作，包括检查当班服务员的工作着装、个人仪态仪表等	日常性
	（4）每日停止营业后，全面检查西餐厅的卫生清洁状况，做好各项班次物品、单据的交接工作	日常性
	（5）及时填写工作日志、西餐厅日营业报告，做好销售服务统计和客史档案的建立工作	日常性
2. 组织客人接待工作	（1）督促员工做好营业前的各项准备工作，检查餐厅摆台、清洁卫生、用具供应及设备设施的准备情况，使之达到所要求的规范和标准	日常性
	（2）督导服务员正确使用订单，保证上菜与客人订单相符，及时按客人要求提供服务，并满足客人的特殊要求	日常性
	（3）全面掌握本区域内客人的用餐状况，征询客人的意见、建议，及时处理客人投诉及突发性事件	日常性
	（4）加强现场管理意识，随时注意餐厅动态，遇特殊客人、重要客人应亲自服务，为其推荐特色菜，回答客人问题，以确保服务高效	日常性
	（5）带领本班组员工积极完成各项接待任务，努力提高西餐厅的销售收入，按时向西餐厅经理汇报每日的经营接待情况	日常性

四、西餐厅迎宾员岗位职责

岗位名称	西餐厅迎宾员	所属部门	餐饮部西餐厅	编 号	
直属上级	西餐厅领班	直属下级		晋升方向	

所处管理位置	

职责概述	服从西餐厅领班的班次安排与工作调度，按工作程序与标准做好领位和自助餐收款工作	
职　责	**职责细分**	**职责类别**
1. 接受订位	(1) 当有电话订餐或来人订餐时，准确地记录订餐内容，清楚列明客人的特别要求，并向客人复述，待客人确认后，及时向领班报告	日常性
	(2) 向前来询问的客人介绍本餐厅的特色，吸引客人来餐厅就餐	日常性
2. 迎送客人	(1) 根据客人的需求，及时、准确地为就餐客人选择并引领至客人满意的餐位，安排客人就餐并递上菜单、酒水单	日常性
	(2) 当西餐厅满座时，应礼貌、耐心地向客人解释，并为客人办好登记候位手续，或推荐客人到其他餐厅用餐	日常性
	(3) 客人离开餐厅时，要主动向客人道谢，并欢迎客人下次光临	日常性
3. 自助餐登记与收款工作	做好西餐厅自助餐的登记和收费工作，收取客人的自助餐券，及时将自助餐券和所收款项交给西餐厅收银员	日常性
4. 其他工作	(1) 适时征询客人意见与建议，并予以记录，做好客史信息收集工作	特别工作
	(2) 闭餐后，做好当班期间西餐厅客情人数、营业收入的统计工作，并向领班汇报	日常性
	(3) 妥善保管客人遗留物品，并及时交至本班领班	特别工作

五、西餐厅服务员岗位职责

岗位名称	西餐厅服务员	所属部门	餐饮部西餐厅	编　　号	
直属上级	西餐厅领班	直属下级		晋升方向	
所处管理位置					

职责概述	服从领班的班次安排与调度，做好西餐厅来客接待、自助餐服务及餐厅卫生清洁等工作		
职　　责	**职责细分**		**职责类别**
1. 开餐准备	按标准完成营业准备工作，包括铺台、布置餐厅、检查开餐的各类用品和用具是否齐全，并予以补充		日常性
2. 向客人提供就餐服务	（1）为客人安排座位并为客人拉椅，以方便客人入座		日常性
	（2）按点菜服务规范为客人提供点菜服务，做好菜品、酒水的推销，并按要求填写客人的点菜单、酒水单		日常性
	（3）与传菜员、酒水员等密切合作，按工作程序与标准为客人提供高效、优质的餐中服务		日常性
	（4）及时征询客人的意见和建议，尽量帮助客人解决就餐过程中的各类问题，必要时将客人意见填写在质量信息卡上，并反映给领班		日常性
	（5）遇到客人投诉，应立即向领班汇报并解决，尽量满足客人的要求		特别工作
3. 餐厅清洁	（1）在客人结束用餐后，及时对餐厅进行整理，将自助餐的剩余食品送还厨房，并锁好贵重物品		日常性
	（2）及时清理属于所辖服务区域内的桌面，更换干净的台布、桌垫，并尽快重新摆好台位		日常性
	（3）负责区域设施、设备的清洁保养工作		日常性
4. 其他工作	（1）做好区域餐具、布草、杂项的补充与替换工作，遇设备及器皿损坏与短缺的应及时向领班汇报		日常性
	（2）当班结束后，与下一班人员做好交接工作		日常性

第二节　西餐厅岗位绩效考核量表

一、西餐厅经理绩效考核量表

序号	考核内容	考核指标及目标值	考核实施	
			考核人	考核结果
1	领导完成各项经营指标，提高西餐厅销售收入	西餐厅销售收入增加率达____%，西餐厅年毛利额达____元		
		西餐厅每餐位平均创收达____元		
2	巡视西餐厅的营业和各级人员的服务情况	客人对服务人员的服务有效投诉次数不得超过____次/月		
		例行检查时，西餐厅不符合服务规范和标准的人次不得超过____人次/月		
3	西餐厅成本费用控制	西餐厅成本费用控制在预算范围内		
4	做好西餐厅的卫生清洁工作	西餐厅各项卫生清洁达标率达____%		
5	西餐厅员工培养与考核	西餐厅员工培训计划完成率达____%		
		西餐厅领班岗位外语合格率达____%		

二、西餐厅领班绩效考核量表

序号	考核内容	考核指标及目标值	考核实施	
			考核人	考核结果
1	负责制定本班组人员的排班工作	本班组排班表按时制定率达____%		
2	带领服务人员完成客人就餐接待工作	面点、菜品销售收入达____元		
		酒水、饮料销售收入达____元		
		西餐厅每台消费标准达____元		
3	督导服务员按标准和规范为客人提供服务	客人对服务人员的服务有效投诉次数不得超过____次/月		
		例行检查时，西餐厅不合服务规范和标准的人次不得超过____人次/月		

三、西餐厅迎宾员绩效考核量表

序号	考核内容	考核指标及目标值	考核实施	
			考核人	考核结果
1	根据客人预订情况安排留位，合理迎领其他客人	餐位预订处理及时率达____%		
		客人对餐位预留的满意度评分平均达____分		
2	将客人迎领至适当的餐位	迎领服务不符合规范的项次不得超过____项次		
3	准确、快速地开展自助餐收款工作	自助餐收款差错率不得超过____%，所收款项按时送交率达____%		
4	收集客人意见及投诉，及时向领班汇报	客人意见及投诉汇报及时率达____%以上		
5	做好当班期间西餐厅客情人数、营业收入的统计工作	当班期间客情人数、营业收入统计准确率达100%		

四、西餐厅服务员绩效考核量表

序号	考核内容	考核指标及目标值	考核实施	
			考核人	考核结果
1	按标准铺台、布置餐厅	铺台合格率达____%		
2	向客人提供点餐服务	西餐厅菜品销售收入达____元		
		西餐厅推荐菜成功推荐率达____%		
		西餐厅酒水饮料销售收入达____元		
3	负责上菜，并于客人用餐过程中提供相关服务	上菜服务合格率达____%		
		客人对各项服务的满意度评分达____分以上		
		客人表扬次数（加分项，每受客人表扬1次，加5分）		
4	负责餐后餐台清洁、所辖区域的卫生清洁工作	卫生清洁达标率达____%		

90

第三节　西餐厅工作程序与关键问题

一、西餐铺台工作程序与关键问题

西餐铺台工作程序	工作目标
开始 ↓ ①铺台前准备 ↓ ②铺台布 ↓ ③取餐具 ↓ ④摆餐具 ↓ ⑤检查 ↓ 结束	1. 铺出符合西餐厅标准的餐台 2. 确保西餐厅整洁、舒适的经营环境

关键问题点
1. 铺台前，服务员应做好下列三项准备工作 　（1）桌椅必须牢固可靠，无破损，摆放整齐 　（2）根据餐厅正门的位置确定餐台主位 　（3）准备好干净、熨烫平整、无破损的台布 2. 台布的位置应与正门相对，中缝居中，四边下垂长短一致，四角与桌脚呈直线下垂 3. 服务员取拿餐具时，应按下列标准操作 　（1）所有餐具都用托盘，托盘用干净毛巾或口布铺垫 　（2）拿酒杯时，应握住杯脚部 　（3）拿刀、叉、匙时，应握住柄把部 　（4）拿瓷具时，应避免手指与边口接触，以减少污染 　（5）如有餐具落地或被弄脏，不得再使用 4. 服务员按"西餐餐具配备与摆放规范"摆放餐具 5. 铺完台后，服务员应从以下三个方面做自我检查 　（1）检查台面上的铺设有无遗漏 　（2）检查台面铺设是否规范、符合要求 　（3）检查椅子是否完好、是否配齐

二、西餐点菜工作程序与关键问题

西餐点菜工作程序	工作目标
开始 ↓ 迎宾员从客人右边递上菜单 ↓ 服务员站远处、观察客人点菜意图 ① ↓ 服务员向客人推荐合适的菜品 ② ↓ 服务员记录客人所点的菜品 ③ ↓ 结束	1. 快速、高效地为客人提供满意的点菜服务 2. 在点菜过程中，完成推荐菜、急推菜的销售 3. 完成菜品销售目标，提高西餐厅的销售收入
	关键问题点
	1. 见客人有点菜意图时，应立即上前，礼貌询问："现在，我可以为您点菜吗？" 2. 如客人不能确定点什么菜时，应向其作推荐，推荐时，应注意下列三个问题 （1）根据客人的要求，首选推荐当日西餐厅的急推菜、厨师长推荐菜及特色菜 （2）若客人采纳推荐后，应礼貌地道谢；若客人不接受推荐菜，不可强迫或勉强客人 （3）点菜时，服务员应站在客人的斜后方 3. 服务员记录客人所点菜品时，应注意下列问题 （1）记录时，应先向客人复述所点内容，请其确认："您所点的是××，对吗？" （2）如客人点有煮蛋、牛排、羊排等食物时要问清生熟程度，点有煎蛋时要问清是单面熟还是双面熟等 （3）如客人用餐时间较紧，而所点菜品制作时间较长时，则应及时提醒客人 （4）如客人对菜品有特殊要求，应在菜单上注明 （5）记录菜单时字迹要清晰，缩写、简写字要易于辨认

三、西餐汤类服务程序与关键问题

西餐汤类服务程序	工作目标
	1. 准确、安全地为客人提供上汤服务 2. 提高客人对餐饮服务的满意度

开始

① 检查客人点菜单

检查餐桌、餐具的配备情况

② 进厨房取汤

将汤盘装入托盘，准备好辅料

③ 端汤入餐厅，给客人上汤

使用敬语谢客、告退

结束

关键问题点

1. 检查菜单时，应再次核对客人所点汤类的品种和名称，确保准确无误
2. 取汤时，冷汤用冷汤盘，热汤用热汤盘，均需配垫盘
3. 上汤时，从客人右侧上，同一桌客人按女士→客人→主人的顺序提供上汤服务

四、自助餐服务程序与关键问题

自助餐服务工作程序	工作目标
开始 ① 开餐前准备 ② 迎领客人、收取自助餐券 ③ 自助餐台及对客服务 结账、送客 ④ 收台 结束	1. 为客人提供整洁、舒适的自助餐用餐环境 2. 为客人提供高效、优质的自助餐服务 **关键问题点** 1. 在开餐前，自助西餐厅服务员应做好下列准备工作 （1）按西餐零点规格进行自助餐桌的铺台 （2）擦拭各类餐具、器皿及陈列柜、陈列台 （3）装饰、布置食品陈列柜、陈列台 （4）备足开餐时所需调味品、烟灰缸、餐具等 （5）厨师与服务员要按要求着装，按时到岗 2. 迎宾员按"西餐领位服务标准与规范"引领客人至自助西餐厅，待客人入座后收取自助餐券 3. 客人在享用自助餐期间，服务员应做好下列六项工作 （1）主动向客人介绍自助餐的食品摆设位置 （2）主动提供服务，为客人递上干净的碟、盘；如餐具烫手，应提醒客人小心 （3）根据客人的需要，主动为客人送食物到餐桌上 （4）随时撤去台上的空盘；客人吃甜品时要及时将桌上的餐具撤去 （5）整理食品陈列台，以保持台面清洁卫生，并于菜量少于1/3时应及时补充陈列食品 （6）提供干净、合适的餐具，并勤换垫碟 4. 收台工作主要包括下列三个方面 （1）将可回收利用的食品整理好，及时撤回厨房 （2）关闭电气设备，妥善保管陈列台上的装饰品 （3）搞好清洁卫生工作

第四节 西餐厅服务标准与服务规范

一、西餐餐具配备与摆放规范

酒店餐饮部服务标准与服务规范文件		文件编号		版本	
标题	西餐餐具配备与摆放规范		发放日期		

一、西餐餐具配备规范

（一）熟悉西餐基本餐盘的类别

按餐盘的用途，可分为面包盘、沙拉盘、甜点盘、主菜用盘、浅盘、咖啡托盘、汤盘或汤钵、燕麦粥钵、蛋钵或肉汁钵、牛油碟、酱汁调味品碟、无柄蛋杯，以及浅窄的底盘或托碟。其中，大汤盘一般用于欧式西餐盛汤，而带盖的汤钵则用于美式西餐盛汤。

（二）熟悉西餐常用银餐具的类别

西餐常用银餐具主要包括刀、叉、匙、辅助用餐具这四大类，具体见下表。

西餐常用银餐具列表

类别	具体品类
刀类	正餐用刀（柄较长）、沙拉与吃鱼用刀、黄油刀、牛排刀（刀锋锐利，也有锯齿形的）
叉类	正餐用叉（柄与叉齿较长）、海鲜用叉、沙拉与鱼用叉、水果用叉（可用沙拉叉代替）
匙类	汤匙（圆形的、椭圆形的）、点心匙（早餐吃麦片及吃冻糕、饮冰茶时用）、咖啡匙
辅助用餐具类	公用铲匙、蔬菜夹、方糖夹、面包夹、分汤调味用勺及调味品容器、面包篮等

二、西餐餐具摆放规范

（一）西餐餐具摆放前检查规范

1. 使用时注意花色成套，破损的餐具应停止使用。

2. 盛装菜品时，热食类应用温盘，冷食类要用冷盘，并保持餐盘洁净，不用时应分门别类地保管。

3. 餐刀不可弯曲，刀柄不可松脱，叉子齿间不可有食物污垢，汤匙上不可有黑色的蛋渍等。

4. 所有银餐具均应将弯曲或边缘粗糙、可能伤人的部分剔除，不得使用弯曲或已压平的餐具。

5. 要保持银餐具的光洁，不光洁的银餐具不宜使用。

（二）西餐餐具摆放规范

西餐餐具的摆放需要根据客人的点菜单进行选择，一般摆放规范如下。

1. 在席位的正前方摆餐盘，摆在席位正中，图案、店徽要摆正，盘沿距桌边2厘米。

2. 在餐盘的两侧按菜单由里向外依次摆放刀、叉、盘、汤勺、匙等。

（1）刀类摆放规范。

①在餐盘的右侧，由外向里，按头盆刀、鱼刀、主菜刀的顺序摆放。摆放时，柄把可摆成一字形或品字形，中间的刀比其他刀高出3厘米，刀之间的间距为0.5厘米。

②主刀位于展示盘右侧，刀柄下端距桌边2厘米，刀刃朝左，刀尖向上。

③盘上放黄油刀，刀尖向上，刀口向左。

④黄油刀上方放水果刀叉，叉在下、刀在上、叉尖朝上，刀口朝底盘2厘米，刀与叉间距1厘米。

⑤水果刀上方可视情况放置冰激凌匙，匙把朝右。

⑥摆放时，不允许用手直接接触刀面。

（2）叉类摆放规范。

①在与餐盘右侧相对应的左侧，由里向外，按头盆叉、鱼叉、主菜叉的顺序摆放。叉尖向上，底边距桌边2厘米，柄把可摆呈一字形或品字形，中间的叉比其他叉高出3厘米，叉之间的间距为0.5厘米。

②餐叉两只，底盘左内侧是生菜叉一只，叉柄下端距桌边2厘米；左外侧是餐叉一只，叉齿向上。

③点心叉及匙各一只，摆置在底盘的前上端。

④面包牛油碟置于餐叉的左前方，碟上横置牛油小刀一只，与餐叉平行。

⑤摆放时，不允许用手直接接触叉。

（3）面包盘摆放规范。

①面包盘置于餐叉的左侧，与餐盘的间距为5厘米，而面包刀摆放于面包盘上，靠右端，刀刃朝向左侧。

②面包盘的中心线与餐盘中心线在同一条直线上，与叉的间距为1厘米。

③餐具保持清洁，不允许用手直接接触餐具。

（4）汤勺、汤匙摆放规范。

①为保证所有餐刀能整齐摆放在一起，可将汤勺摆在最外端。

②汤匙一只，置于餐刀的右外侧，匙心向上。

3. 其他餐具的摆放规范。

（1）饮料杯置于餐刀上端的中央位置。

（2）调味架、烟灰缸等摆放在餐台中线位置，靠墙二人座桌子则置于近墙处的边缘，每小桌一副，大桌每3~4人一副。

（3）咖啡匙一般不在铺台时放置，而在上咖啡时与咖啡盘一起送上。

（续）

签 阅 栏		签收人请注意：在此签字时，表示您同意以下两点内容。 1. 本人保证严格按此文件要求执行。 2. 本人有责任在发现问题时，第一时间向本文件审批人提出修改意见。			
相关说明					
编制人员		审核人员		审批人员	
编制日期		审核日期		审批日期	

二、西餐领位服务标准与规范

酒店餐饮部服务标准与服务规范文件		文件编号		版本	
标题	西餐领位服务标准与规范	发放日期			

1. 领位准备

（1）西餐厅迎宾员按要求着装，每日上班要化淡妆，衣着干净，精神饱满，面带微笑。

（2）检查菜谱、酒水单是否齐备、有无破损，准备客情记录表、笔等工作用具。

（3）两手自然下垂交叉于身前，挺胸、平视地站在西餐厅门口或咨询台旁，准备迎接客人。

2. 欢迎客人

（1）当客人向餐厅走来离门口约1米时，迎宾员应主动上前迎接，要热情地向客人问好，向客人介绍餐厅，推介餐厅品种给客人。

（2）客人到达餐厅后____秒内立即响应，并热情、礼貌地招呼客人。

（3）询问客人是否已订座，如客人已订座，应马上查看订台记录，并告知客人已安排好座位。

（4）如客人没有订座，应询问客人的人数、客人是否吸烟。若客人吸烟，则将其引领至吸烟区；若不吸烟，则引领至非吸烟区。

3. 引领客人入座

引领前，询问客人需要零点服务还是自助服务。

（1）如客人需要零点服务，迎宾员应将客人引领至铺好的餐台前入座。

①迎宾员在客人左前方引领客人入座，五指合并、掌心向上指引方向。

②如有台阶，应及时提醒客人小心。

③到餐台旁，询问客人对餐台的意见，如无意见，安排客人就座。

④为客人拉椅、让座、铺餐巾。

⑤请客人出示房卡，查核后，招呼服务员进行服务。

（2）如客人选择自助餐服务，迎宾员则应根据客人人数发放自助餐餐券，并做好登记，以便结账。

4. 填写客情表

（1）客情记录表的内容主要包括餐台台号、时间、人数、客人姓名（座号）、是否是住店客人等。

（续）

（2）如是 VIP 客人，要特别通知该区的领班，并告知西餐厅经理做好服务。

5. 引领客人途中注意事项

（1）在引领客人的途中，迎宾员应留意有哪些空台，并做好记录。

（2）及时与其他迎宾员做好沟通工作，将客人平均地带到相应的区域内，避免将不同台的客人安排到同一组，以免影响服务质量。

签 阅 栏		签收人请注意：在此签字时，表示您同意以下两点内容。 1. 本人保证严格按此文件要求执行。 2. 本人有责任在发现问题时，第一时间向本文件审批人提出修改意见。
相关说明		
编制人员		审核人员		审批人员	
编制日期		审核日期		审批日期	

三、西餐订单书写标准与规范

酒店餐饮部服务标准与服务规范文件		文件编号		版本	
标题	西餐订单书写标准与规范	发放日期			

1. 书写订单时，内容完整，字迹清楚易识。

2. 填写清楚订单日期、台号、服务员代号、客人人数、订菜时间及菜名。

3. 填写菜名时，开胃菜、头盘、汤写在订单上面，主菜写在中间，甜点写在最后。

4. 菜品与酒水饮料应分开开单。

5. 对菜品有特殊要求的要在每道菜的后面注明。

6. 注明每道菜所需的配菜与调料。

7. 注明客人的其他特殊要求，例如客人点牛排、羊排等烤肉类食品时，要问清生熟程度。

8. 注明客人是否分单结账。

9. 订单一式四联，分别交收银台、厨房、传菜员各一份，服务员自留一份备查。

签 阅 栏		签收人请注意：在此签字时，表示您同意以下两点内容。 1. 本人保证严格按此文件要求执行。 2. 本人有责任在发现问题时，第一时间向本文件审批人提出修改意见。
相关说明		
编制人员		审核人员		审批人员	
编制日期		审核日期		审批日期	

四、西餐上菜服务标准与规范

酒店餐饮部服务标准与服务规范文件		文件编号		版本	
标题	西餐上菜服务标准与规范		发放日期		

1. 上菜前服务规范

根据客人所点的菜，配上所需的刀叉等餐具和调味品。

2. 上菜时间规范

（1）早餐时，应在点菜后 3 分钟内上果汁，10 分钟内上菜。

（2）中晚餐时，应在点菜后的 15～20 分钟内上完头盘与主盘。

3. 上菜顺序规范

（1）上菜时按照先女后男、先宾后主、先年长后年幼的顺序规范服务。

（2）服务员左手托盘，右手用叉、勺等给客人提供服务。

（3）上主菜时从客人右边进行，上配料汁酱（包括面包片、沙拉汁等）时从客人左边进行。

4. 上菜次序规范

（1）一般均按先冷后热的次序上菜。

（2）开餐前 5 分钟，根据客人的人数送上黄油与面包，并将黄油刀移放到黄油盅上，在芝士盆的右上角放上黄油，中间放上面包。

（3）上果盘时，服务人员应将果盘端至客人的左侧供客人挑选。

（4）上开胃小吃。

（5）上汤。

①上浓汤时，一般都用热盆盛，以保证汤的原汁原味。

②夏天一般喝冷清汤，上汤时需将盛放冷清汤的专用杯用冰块冷冻。

③如客人示意不食用，撤汤盆时连同汤匙及底盘一并撤去。

（6）上主菜。

①主菜，主要指一大块牛排或猪排、鱼、鸡、鸭等肉菜，通常用大盘装。在大盘的前面随送上配好的蔬菜与卤汁，这些配料用半月形的生菜专用盘盛。

②盘面的划分规范。

a. 将盘面比作钟，划分为三部分，以 12 点钟为准。

b. 左上角放一些淀粉类食物，包括米食、马铃薯、野洋芋等。

c. 右上角放一些蔬菜类食物，包括胡萝卜、番茄、洋葱片等。

d. 盘面的下方放主菜肉类，一般正对着客人，置于 6 点钟方位处。

（7）上甜点。

①上甜点之前，所有餐具均须撤除（仅留水杯在桌上），且须清理屑末，然后才供应甜点。

②上甜点时，要根据客人所点的甜点附上相应的食用器具（例如冰激凌匙、点心匙、菜匙、中叉等）。

（续）

（8）上咖啡或茶。

①咖啡和茶都需趁热供应。

②咖啡一般都附带糖及奶精或奶水；如是茶，则须加附新鲜柠檬一片。

③上咖啡时，咖啡杯置放于托碟中，杯耳与小匙呈 4 点钟方位摆置碟上，并附上糖钳、牛奶盅、咖啡壶等用具。

（9）推荐餐后酒和雪茄。

①展示餐后酒车，询问客人是否需要利口酒或雪茄烟。具体规范请参考"餐后酒服务标准与规范"。

②若客人点了雪茄烟，要主动帮助客人点燃。

5. 上菜其他服务规范

（1）热菜要用热盘，凉菜要用冷盘，餐盘离桌缘约2.5厘米。

（2）上菜时，餐碟边沿上的徽饰呈 6 点或 12 点角度，正对客人摆放。

（3）正餐时，需要提供洗手盅的服务，以方便客人用手拿取食物。洗手盅是指用玻璃碗盛1/3 的温水放在托盘上，并附上小毛巾以供客人擦手之用。

（4）每一道菜均须为客人报上菜名。

（5）餐碟较烫时应提醒客人。

（6）客人的点菜配面包时，提供四种面包和黄油供客人选择；客人吃完后，要问客人是否需要添加。

（7）撤除餐具时，一般应根据客人食用情况决定是否将盘碟连同刀叉一起撤除。

①若刀或叉斜架在盘沿，即尚在食用中。

②若客人吃完一道菜，把刀叉平行（美式）放置盘中或交叉（欧式）放置在盘中时，即可撤除。

③有时，客人示意不愿再吃，将刀叉一同放在食物盘中，此时也可撤除。

签阅栏		签收人请注意：在此签字时，表示您同意以下两点内容。 1. 本人保证严格按此文件要求执行。 2. 本人有责任在发现问题时，第一时间向本文件审批人提出修改意见。
相关说明		
编制人员		审核人员		审批人员	
编制日期		审核日期		审批日期	

五、西餐巡台服务标准与规范

酒店餐饮部服务标准与服务规范文件		文件编号		版本	
标题	西餐巡台服务标准与规范	发放日期			

1. 西餐餐台服务方向规范

（1）饮料杯固定置于客人右侧，供应与撤除时均用右手。

（2）面包牛油碟固定置于客人的左侧，供应与撤除时均用左手。

（3）依美式服务，餐品应用左手自客人左侧端至客人面前，用右手自客人右侧撤除。

（4）在为有多位客人的餐台斟酒水、饮料或递菜单、上菜时，应右转环桌依次服务（逆时针方向）。

（5）对紧靠墙或在走道左侧的客人，宜用右手在其右侧服务；而对靠走道右侧的客人，则用左手为其服务，以方便为原则。

（6）不管从何方向为客人服务，手部都应远离客人，以免客人突然活动而打翻食物，造成尴尬局面。

（7）除非必要，否则绝不可伸手至客人的前方，也不可从客人面前越过，并切忌从客人正面呈递食物或餐具，以免造成意外。

2. 西餐餐台烟、酒、饮品服务规范

（1）主动问候客人，引领客人入席，拉椅为客人让座。

（2）客人刚落座时，服务员应及时为客人斟倒冰水，并询问客人所需饮料、酒水，及时为客人提供。

（3）注意客人进餐情况，掌握时机，积极向客人推销酒水、饮料，及时添加酒水。

（4）巡视服务区域，随时提供服务，发现客人准备抽烟时，应迅速为其点烟，并更换烟灰缸。

（5）客人的冰水剩下半杯时，应及时为客人添加。

（6）客人杯中的酒仅剩 1/3 时，应及时为客人添酒（洋酒除外）。

（7）客人饮料喝完后，如消费其他酒水，应征询客人是否需要另点一杯，切勿直接将杯子撤去。

（8）在客人用完饮料后____分钟内，即主动问客人是否需要添加饮料。

（9）客人开始吃甜品时，要问清客人用咖啡还是用茶，然后送上咖啡或茶水，以及奶糖。

（10）在客人喝完杯中的咖啡、茶后，按客人要求为客人重新添加，并留意糖、奶是否需添加。

3. 客人中途离座服务规范

（1）客人离开餐台时，服务员应主动上前为客人叠好餐巾，摆在牛油碟上，并把餐椅推正。

（2）如发现客人有贵重物品留在餐台或餐椅附近，应注意看管，并及时提醒客人保管好。

（3）客人回座位时，服务员应及时为客人拉餐椅、铺餐巾。

4. 撤换餐具服务规范

（1）服务员巡台时要带上烟盅、镊子、牛油碟，以便及时为客人提供服务。

（2）经常更换烟灰缸，烟灰缸内不能超过____个烟头。更换时，要将干净的烟灰缸盖住脏的烟灰缸后撤走，然后放上干净的烟灰缸。

（续）

（3）及时撤走空杯、空盘、空碟，更换骨碟。每次收撤盘碟或空杯、更换骨碟时，均需征得客人同意。

（4）客人吃甜品时要将餐具撤去，上甜品前应征求客人的意见。

（5）客人用完餐后＿＿分钟内撤走盘碟、刀叉，并将咖啡杯摆在客人正前面。事前应征求客人意见。

5. 其他注意事项

（1）服务过程中，注意个人举止，杜绝不礼貌行为。

（2）禁止在餐厅内大声说话，以免影响客人进餐。

（3）对于客人的示意，服务员不得无动于衷、视而不见。

（4）不得向客人索要小费，或暗示客人给小费。

（5）牢记"客人永远是对的"的信条，即使是客人无礼也须先忍耐。

签 阅 栏		签收人请注意：在此签字时，表示您同意以下两点内容。 1. 本人保证严格按此文件要求执行。 2. 本人有责任在发现问题时，第一时间向本文件审批人提出修改意见。
相关说明		
编制人员	审核人员	审批人员
编制日期	审核日期	审批日期

六、餐后酒服务标准与规范

酒店餐饮部服务标准与服务规范文件		文件编号		版本	
标题	餐后酒服务标准与规范	发放日期			

1. 餐后酒服务前的准备

（1）开餐前＿＿分钟，酒水员将酒车从吧台推出。

（2）检查酒车上的酒、酒杯、酒具是否齐备，做好酒、酒杯、酒具的补充工作。

（3）检查酒车是否完好、牢固、使用正常，且表面洁净、无破损。

（4）检查酒杯是否洁净、无破损、无水迹、无油迹。

（5）将酒和酒杯从酒车上取下，清洁酒车，在酒车的各层平整地铺垫洁净的口布。

（6）清洁酒瓶的表面、瓶口和瓶盖，确保无尘迹、无指印、无水迹。

（7）将酒瓶按类别整齐地摆放在酒车的第一层，并使酒标朝向一致。

（8）将酒杯放在酒车的第二层。

（续）

（9）将用于加热白兰地酒用的酒精炉放在酒车的第三层。

（10）熟悉酒车上各种酒的名称、产地、酿造和饮用方法。

（11）将酒车推至餐厅内明显的位置。

2. 向客人推荐餐后酒

（1）向客人推荐餐后酒的时间：服务员为客人上完咖啡和花之后。

（2）酒水员将酒车轻推到客人桌前，酒瓶上的商标面向客人，征询客人是否需要甜酒或建议客人品尝。

（3）对于不了解甜酒的客人，酒水员可向其讲解与甜酒有关的知识并推销。

（4）对于一时难以决定喝何种酒水的客人，酒水员应主动向其介绍酒水的品种。

（5）向客人介绍酒水品种时，需要根据客人的国籍、民族、性别等，给客人留下自我选择的余地。例如，向男士介绍时，可选择较烈性的酒；向女士则建议选用柔和的酒。

（6）尽量推荐价格较高的名酒，然后是普通的酒。

（7）向客人介绍酒水时，要使用礼貌用语。如客人明确表示不需要酒水时，不得强迫客人接受。

3. 斟酒服务

（1）斟酒时，须依据先宾后主、女士优先的原则，用右手从客人右侧，按顺时针方向进行服务。

（2）不同的酒类需使用不同的酒杯。

（3）倒酒时，酒瓶商标要朝向客人，瓶口不得碰触杯口，以免不卫生或发出声响。

（4）每倒完一杯酒，应将酒瓶按顺时针方向旋转一下，避免瓶口的酒滴落在台面上。

签 阅 栏		签收人请注意：在此签字时，表示您同意以下两点内容。 1. 本人保证严格按此文件要求执行。 2. 本人有责任在发现问题时，第一时间向本文件审批人提出修改意见。	
相关说明			
编制人员		审核人员		审批人员	
编制日期		审核日期		审批日期	

第五节　西餐厅服务常用文书与表单

一、西餐点菜单

编号：

日　期		服务员号			
台　号		客人人数			
序　号	菜品名称	单　价	数　量	合　计	
备注	1. 冷菜、热菜、酒水应分开开单 2. 若客人需要牛排、羊排等烤肉类食品时，要问清生熟程度：三成熟（Rare，简写为R.）、四成熟（Medium Rare，简写为M.R.）、五成熟（Medium，简写为M.）、七成熟（Medium Well，简写为M.W.）、全熟（Well Down，简写为W.D.）				

二、西餐厅退菜统计表

编号：　　　　　　　　　　　　　　　　　　　　　　　日期：＿＿＿年＿＿＿月＿＿＿日

客账单编号	服务员工号	所退菜品名称	退菜原因	厨师	审批人	售　价

三、菜品月销售统计表

项目＼日期		___月1日		___月2日		......		___月31日	
		售出数量	占总数比	售出数量	占总数比	售出数量	占总数比	售出数量	占总数比
开胃品									
	合计								
谷物类									
	合计								
蛋类									
	合计								
肉类									
	合计								
蔬菜和凉菜类									
	合计								
面包类									
	合计								
甜点									
	合计								
客人总数									

四、西餐厅成本控制表

编号	菜品名称	时令季节	净料成本	期望毛利率	售价	实际毛利率	备注

第六节　西餐厅服务质量提升问题解决方案

一、西餐点菜服务方案

标　　题	西餐点菜服务方案		文件编号		版本	
执行部门		监督部门		考证部门		

1. 点菜前服务

（1）客人入座后，服务员应及时在服务台拿取完整的菜谱和酒单（数量足用）在客人的左侧呈递，递送时应遵循"先主后宾、女士优先"的原则。

（2）在正餐时间，可先出示酒单，询问客人是否需要餐前鸡尾酒，并伺机推销餐中的其他饮品。

（3）送过酒后即询问客人是否可以点菜，若客人尚未决定，依序问第二位客人。

（4）若仅有一位客人时，可告知客人："您先看着，我等一会儿再来。"然后到另一桌去；绝不可催客人或显出不耐烦的态度。同时，也可试着向客人推荐一些菜式或为客人介绍菜单。

2. 记录客人点菜内容

（1）记录客人的点菜时，应先准备好记录单，并做系统地记录，如编号、日期、服务员姓名、桌号、客人人数等，以便辨明客人。

（2）对于每位客人的特别吩咐，应在菜名旁加以注明。

（3）若多位客人同桌进餐时，应就分账问题向客人征询意见，并及时告知收银处。

（4）为节省点菜记录的时间，应尽量使用菜名的略号。

（5）点菜完毕后，向客人重述所点的菜以确保无误。

（6）若客人未点汤时，在客人确认不需要汤的情况下将汤匙撤走。

（7）向客人道谢后，前往配餐间叫菜。

相关说明	

二、自助餐巡台服务方案

标　题	自助餐巡台服务方案		文件编号		版本	
执行部门		监督部门		考证部门		

1. 自助餐食品的排列顺序一般如下：冻肉、色拉、汤、热菜、甜品（包括点心）、水果等。

2. 当客人取菜时，服务员应主动使用派羹、派叉为其服务。为客人取菜时，要注意适量，避免羹叉与盘子撞击发出声响。

3. 当客人准备吃主盘前，应立即送上洗手盅；在客人吃完第一盆主盘后，呈上牙签。

4. 如客人要求上纸巾时，应马上用牛油碟盛着纸巾呈给客人。

5. 在客人用餐过程中，检查餐台上是否要撤盘和换烟灰缸。

6. 整理台面的刀叉，应尽量在客人取食品时进行，以免发生冲突。

7. 如台面上有骨头、面包屑等，应及时清理干净。

8. 及时撤去餐台上的空盘，操作时要轻收轻放，注意把银器和瓷器分开放，小盘放在大盘上面，防止损坏餐具。

9. 自助餐按规定一般应包括咖啡或茶水，其他酒水服务应另行收费。

10. 自助餐收餐前 15 分钟，各组领班应逐台提醒客人自助餐的收餐时间。

相关说明	

三、不能安排入座时处理方案

标　题	不能安排入座时处理方案		文件编号		版本	
执行部门		监督部门		考证部门		

迎宾员在迎领客人时，若发生不能马上安排客人入座的情况，应根据具体情形分别予以应急处理。

1. 如果餐桌还未准备好，应请客人稍等，告知客人待餐桌准备好后马上安排其入座。

2. 如果餐厅已满座时，迎宾员应采取下列措施。

（1）向客人致歉，并征询客人是否愿意等候。若客人愿意等，则安排客人等候。也可安排或推荐客人到本酒店的其他餐厅或其他酒店用餐。

（2）在 1 分钟内派号给客人，同时询问客人房号，并写在排号单上。

（3）优先安排酒店住客入座用餐，叫位时要叫客人的房号，以免其他客人有意见。

（4）非酒店住客，应按候位次序安排就座。

（5）遇到特殊情况要及时通知领班或经理处理。

（续）

3. 如果客人提出需要特殊座位而此种座位已满时，迎宾员应采取下列措施。
（1）先查看特殊座位的实际使用情况。
（2）确认特殊座位已满，应立即向客人解释。
（3）建议客人选择其他座位，并欢迎客人下次提早预订特殊座位。
（4）向客人表示：稍后如有特殊座位时，餐厅可为其调桌。

相关说明	

四、客人提出打折的处理方案

标　　题	客人提出打折的处理方案		文件编号		版本	
执行部门		监督部门		考证部门		

1. 有 VIP 卡的客人打折处理

（1）结账时，服务人员将账单交予客人签字。

（2）服务人员将客人签过字的账单及 VIP 卡递至收银台核对。

（3）核对完后，收银台的工作人员按餐厅规定，根据 VIP 卡的等级进行打折。

（4）服务人员将 VIP 卡交还客人，并告诉客人已打折及打折的幅度。

2. 无 VIP 卡的客人打折处理

（1）客人提出打折要求时，服务人员上报领班，领班视情况根据自身权限给予优惠，并在账单上签字确认。

（2）对打折幅度不满意的客人，可由餐厅经理出面解决。餐厅经理视情况根据自身权限给予优惠，并在账单上签字确认。

（3）酒店总经理、餐饮总监级别的通知吧台人员对客人的打折或免费事宜，服务人员上报餐厅经理，事后由通知人在存根上签字确认。

（4）告知客人已打折及打折的幅度，或者免费。

相关说明	

岗位职责
+
绩效标准

工作程序
+
关键问题

执行技巧
+
解决方案

常用文书
+
工作表单

第四章

宴会厅精细化管理

第一节　宴会厅岗位描述

一、宴会厅岗位设置

（一）大中型酒店宴会厅岗位设置

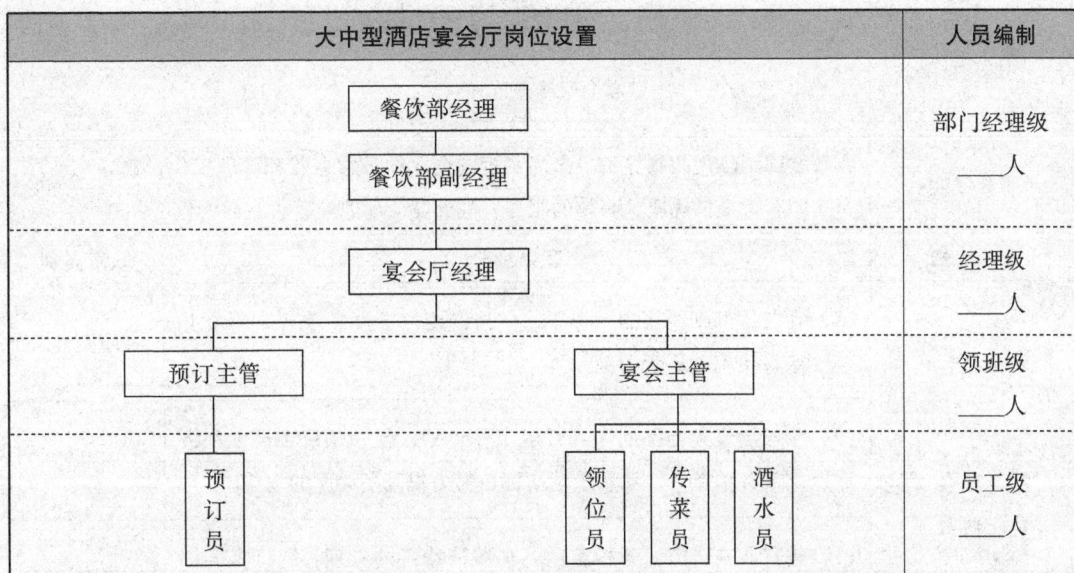

大中型酒店宴会厅岗位设置	人员编制
餐饮部经理 餐饮部副经理	部门经理级 ＿＿人
宴会厅经理	经理级 ＿＿人
预订主管　　　　　　　宴会主管	领班级 ＿＿人
预订员　　　　领位员　传菜员　酒水员	员工级 ＿＿＿人

（二）小型酒店宴会厅岗位设置

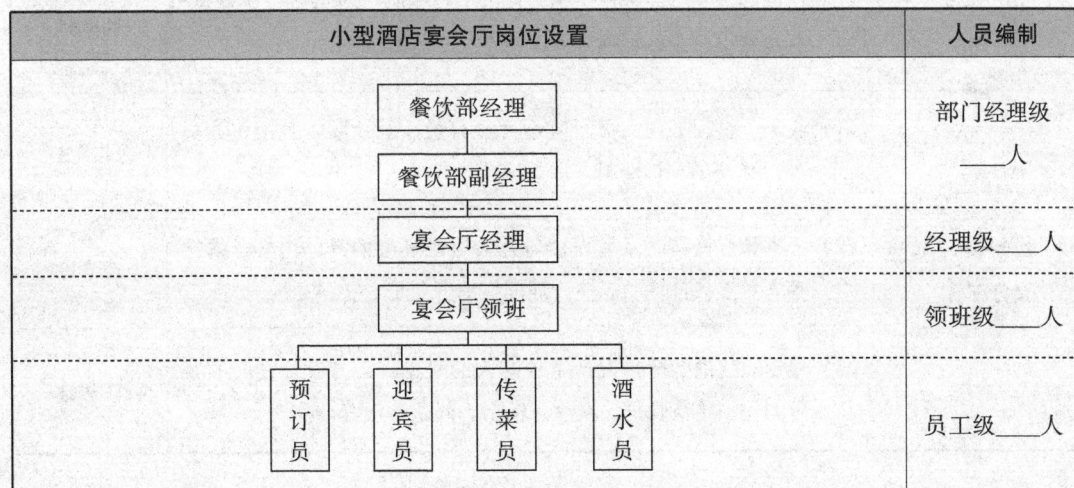

小型酒店宴会厅岗位设置	人员编制
餐饮部经理 餐饮部副经理	部门经理级 ＿＿人
宴会厅经理	经理级＿＿人
宴会厅领班	领班级＿＿人
预订员　迎宾员　传菜员　酒水员	员工级＿＿人

二、宴会厅经理岗位职责

岗位名称	宴会厅经理	所属部门	餐饮部宴会厅	编　　号	
直属上级	餐饮部副经理	直属下级	宴会厅领班	晋升方向	

所处管理位置	
所处管理位置	餐饮部副经理 → 宴会厅经理 / 中餐厅经理；宴会厅经理 → 宴会厅领班

职责概述	在餐饮部副经理的领导下，全面负责宴会厅的日常运营和管理工作，领导宴会厅员工向客人提供优质、高效的服务，确保宴会厅的经营收益最大化

职　　责	职责细分	职责类别
1. 制定宴会厅经营计划及工作规范	（1）在餐饮部副经理的指导下，主持制定宴会厅各项规章制度并监督实施，不断完善	周期性
	（2）参与制订宴会厅的年、月度工作计划，带领领班、员工积极完成各项接待任务和经营指标，努力提高宴会厅的效益	周期性
	（3）进行调查研究，分析客源，掌握消费者的心理，制订宴会部的市场推销计划并广泛进行宣传，确保经营目标的实现	周期性
	（4）出席餐饮总监或餐饮经理主持的工作例会，提出合理化建议，分析宴会厅业务开展及营业情况	周期性
2. 组织做好宴会预订工作	（1）收集、整理工作人员（宴会厅预订员、营销部宴会销售人员等）提交的预订资料，做好记录	日常性
	（2）根据预订资料联系客人，与客人洽谈宴会的具体内容，掌握客人对宴会价格、规模，环境氛围等要求	日常性
	（3）根据酒店的实际情况，结合客人的意见，指导设计宴会的菜单制作、气氛营造、摆桌、铺台、娱乐活动等	日常性

（续）

职　责	职责细分	职责类别
3. 宴会厅日常运营管理	（1）全面掌握货源情况、食品原材料价格和本餐厅各种食品，协助厨房不断推出新菜、更新菜单	日常性
	（2）建立食谱档案，要注意老客户的口味特点，并经常变换品种，使客人感到酒店的食品品种丰富，百吃不厌	日常性
	（3）安排领班和服务班次，督导领班制定员工排班表，确保宴会厅各环节的衔接与有序运作	日常性
	（4）每日检查宴会厅内的卫生及硬件设施设备的清洁、维护、保养状况，保证宴会厅工作的正常运行	日常性
	（5）协调、安排有宴会订单的宴会厅房	日常性
4. 商务会议接待安排管理	（1）分析会议召开要求，规划会议接待准备及服务工作，协调同相关部门间的沟通	日常性
	（2）负责对商务会议接待工作中出现的问题进行及时、有效处理	特别工作
5. 客人投诉处理	处理客人投诉，积极听取客人对宴会厅服务和食品的评价，及时进行研究，调整相应对策，为客人提供良好的用餐环境	特别工作
6. 宴会收入管理与成本控制	（1）审核宴会厅营业收入，做好结账控制工作，杜绝舞弊行为发生	日常性
	（2）建立物资管理制度，指导相关人员正确使用宴会厅的各项设备和用品，控制餐具损耗，最大程度上降低宴会厅的运营成本	日常性
7. 员工管理	（1）负责宴会厅领班的任用、晋升的提名工作	特别工作
	（2）制订宴会厅员工培训计划，有计划地组织开展宴会服务、宴会设计方面的培训活动，提升服务人员的业务熟练程度	日常性
	（3）负责对下属领班及其他管理人员的检查和考核，参与评估员工的各项工作表现和纪律行为	日常性

三、宴会厅领班岗位职责

岗位名称	宴会厅领班	所属部门	餐饮部宴会厅	编　号	
直属上级	宴会厅经理	直属下级	宴会厅服务人员	晋升方向	

所处管理位置	宴会厅经理 → 宴会厅领班 → 预订员　迎宾员　传菜员　酒水员

职责概述	在宴会厅经理的领导下，严格贯彻本酒店的经营方针和各项规章制度，负责所在班组的日常管理及宴会的管理，组织服务人员协助客人做好接待工作，提供优质的服务

职　责	职责细分	职责类别
1. 班组的日常管理	（1）参加宴会厅经理召开的工作例会，了解每日的宴会安排情况并向本班组传达	日常性
	（2）每次宴会前，根据宴会预订情况向服务员布置具体的岗位任务	日常性
	（3）根据宴会预订情况，合理安排员工的排班，保证所举办宴会能够合理、有序地展开	日常性
2. 宴会的过程管理工作	（1）在宴会厅经理的指导下，做好宴会设计、现场布置，督导服务员做好宴会前的摆台、清洁卫生、服务用具供应等准备工作	日常性
	（2）督导服务员协助宴会主办方做好客人的接待工作	日常性
	（3）宴会中，督导服务人员及时按照客人要求提供优质服务，满足客人的特殊要求，特殊客人亲自服务	日常性
	（4）关注各厅房内客人用餐状况，适时征询客人的意见、建议，及时处理客人投诉及突发性事件并向宴会厅经理汇报	日常性
	（5）宴会结束后，清点厅房内物品及设施设备，检查各厅房的宴会收尾工作和卫生清洁状况	日常性

（续）

职责	职责细分	职责类别
3. 商务会议接待管理工作	（1）分析商务会议接待工作规划方案，安排会议接待服务人员，并做好场地布置、设施设备调配以及物品提供等工作	日常性
	（2）协调、监督商务会议接待工作的落实，发现问题及时上报	日常性
4. 人员管理	（1）根据安排，对服务员开展相关的业务培训，不断提高服务员的服务技能与技巧，做好餐厅人才的开发和培养工作	日常性
	（2）在宴会厅经理的指导下，做好对服务员的考勤、绩效评估工作	日常性

四、宴会厅预订员岗位职责

岗位名称	宴会厅预订员	所属部门	餐饮部宴会厅	编　号	
直属上级	宴会厅领班	直属下级		晋升方向	
所处管理位置					
职责概述	在宴会厅领班的领导下，按宴会预订工作程序与标准做好宴会的预订工作和领导委派的其他临时性工作				

职责	职责细分	职责类别
1. 受理宴会预订	（1）受理客人现场预订或通过电话、传真、网络等方式预订	日常性
	（2）确认客人预订宴会的规模、标准、相关服务等，并予以准确无误的记录	日常性
	（3）向客人介绍酒店宴会的特色、标准及收费情况等	日常性
	（4）负责将每日的客人预订情况以及预订的宴会变更、取消，及时上报宴会厅领班，并做好记录	日常性

（续）

职　　责	职责细分	职责类别
2. 其他相关工作	（1）负责本人办公区域内的卫生清洁和实施设备的清洁、保养工作	日常性
	（2）做好宴会预订客人的客史信息收集工作，并建立宴会预订客人的客史档案	特别工作
	（3）接受领导交办的其他临时性工作	日常性

五、宴会厅迎宾员岗位职责

岗位名称	宴会厅迎宾员	所属部门	餐饮部宴会厅	编　号	
直属上级	宴会厅领班	直属下级		晋升方向	
所处管理位置					

（在"所处管理位置"行中的组织结构图：宴会厅领班 下设 预订员、迎宾员、传菜员、酒水员）

职责概述	在宴会厅领班的领导下，按工作程序与标准做好迎宾工作和领导安排的其他临时性工作	
职　　责	职责细分	职责类别
1. 迎宾工作	（1）协助主办方在宴会厅门口做好主办方客人的迎接工作	日常性
	（2）将客人引领至合适的位置，安排客人及时入座，并及时通知宴会厅服务员	日常性
	（3）协助赴宴客人存放衣帽、伞具等	特别工作
	（4）协助会议主办方分发会议相关资料	特别工作
	（5）根据主办方的指示将客人的贵宾引领至贵宾室	特别工作
	（6）宴会结束时，协助主办方欢送客人	日常性
2. 其他工作	（1）负责宴会厅展示台、迎宾台及迎宾区域的清洁工作	日常性
	（2）当班结束时，认真与下一班迎宾员做好交接工作	日常性
	（3）做好领导交待的其他临时性工作	日常性

第二节 宴会厅岗位绩效考核量表

一、宴会厅经理绩效考核量表

序号	考核内容	考核指标及目标值	考核实施	
			考核人	考核结果
1	领导完成各项经营指标，提高宴会厅销售收入	宴会厅销售收入增加率达____%，宴会厅年毛利额达____元		
2	巡视宴会厅的营业和各级人员的服务情况	客人对服务人员的服务有效投诉次数不得超过____次/月		
		例行检查时，宴会厅不符合服务规范和标准的人次不得超过____人次/月		
3	指导宴会设计，督导工作人员执行	客人对宴会的满意度达____%以上		
4	统筹商务会议接待工作	主办方对会议接待工作满意度达____%以上		
5	努力提高大型宴会的收益	大型宴会的平均毛利达____元		
6	宴会厅成本费用控制	宴会厅成本费用控制在预算范围内		
7	宴会厅卫生清洁工作	宴会厅各项卫生达标率为____%		

二、宴会厅领班绩效考核量表

序号	考核内容	考核指标及目标值	考核实施	
			考核人	考核结果
1	负责制定本班组人员的排班工作	本班组排班表按时制定率达____%		
2	宴会厅各厅房的卫生及设施设备地保养、维护	宴会厅各厅房卫生合格率达____%		
		宴会厅各厅房的设施设备正常使用率达____%		

（续）

序号	考核内容	考核指标及目标值	考核实施	
			考核人	考核结果
3	督导服务员按标准和规范为客人提供服务	客人对服务人员的服务有效投诉次数不得超过____次/月		
		例行检查时，宴会厅不合服务规范的人次不得超过____人次/月		
		商务会议接待工作事故数不得超过____件/次		
4	检查班组人员出勤	班组员工出勤率达____%		

三、宴会厅预订员绩效考核量表

序号	考核内容	考核指标及目标值	考核实施	
			考核人	考核结果
1	完整的记录预订资料	记录预订资料的准确率达____%		
2	及时汇报宴会变更或取消信息	宴会变更或取消信息及时汇报率达____%		
3	客人对预订服务的投诉	客人对预订服务的投诉率达____%		
4	服从领导安排的工作	对领导安排工作的服从率达____%		
5	记录、整理并保存预订客人的档案资料	预订客人档案的完整率达____%		

四、宴会厅迎宾员绩效考核量表

序号	考核内容	考核指标及目标值	考核实施	
			考核人	考核结果
1	严格迎宾服务的礼仪规范，做好迎宾工作	迎宾服务的礼仪规范违反率达____%		
		客人对引领服务满意度达____%以上		
2	将客人引领至合适位置	将客人引领至合适位置的准确率____%		
3	服从领导安排的工作	领导安排工作的服从率达____%		
4	清洁所辖区域的卫生	所辖区域的卫生合格率达____%		

第三节　宴会厅工作程序与关键问题

一、中餐宴会铺台工作程序与关键问题

中餐宴会铺台工作程序	工作目标
	所铺台面符合中餐宴会标准、规格和主办方的要求
	关键问题点
	1. 整理装饰台面时，按以下步骤操作 （1）根据宴会的规格用不同的鲜花、彩带装饰台面，体现宴会接待档次 （2）将转盘摆放在桌面中间，确保旋转自如 2. 桌裙铺设按以下标准操作 （1）将桌裙按顺时针方向固定在桌沿上，底边离地10厘米 （2）桌裙下垂部分舒展自然，长短适中，接缝处不能朝向主宾席 3. 服务员拿餐具时按以下标准操作 （1）所有餐具都应用托盘，托盘用干净毛巾或口布铺垫 （2）拿酒杯时，应握住杯脚部 （3）拿银器及不锈钢器具时，应带着手套拿柄部 （4）拿骨器时，避免手指与边口的接触，减少污染 （5）落地后的餐具未经清洗消毒不得使用 4. 服务员按"中餐宴会餐具摆放规范"摆放餐具 备注：其他程序可按照"中餐铺台工作标准与规范"执行

二、中餐宴会服务工作程序与关键问题

中餐宴会服务工作程序	工作目标
 开始 ① 准备服务 迎接客人 ② 服务客人 欢送客人 收台 结束	1. 为客人提供舒适的、高规格的就餐服务 2. 通过提供优质服务，提高主办方和客人的满意度，从而为宴会厅创造良好效益提供保障
	关键问题点
	1. 准备服务需要做好以下几个方面 （1）了解宴会的具体内容和主办方的具体要求，以及赴宴客人的资料 （2）根据预订资料，掌握宴会菜单中的菜品及服务方式 （3）根据宴会规格和菜单，配备必备用品和服务用品 （4）根据宴会规格和主办方的要求，布置宴会厅并搞好清洁卫生工作 （5）按照"中餐宴会铺台工作程序"进行铺台 2. 服务员按照中餐相关服务规范进行服务，但需要注意以下两个方面 （1）迎宾员将客人引领到正确位置后，服务员需为客人拉椅让座，待客人坐好后，打开席巾放在客人膝盖上 （2）根据情况，随时为主宾或客人斟酒，不能让酒杯空置

三、西餐宴会摆台工作程序与关键问题

西餐宴会摆台工作程序	工作目标
开始 ① 选餐台 ② 铺台布 ③ 摆餐椅 ④ 摆餐具、饮具 ⑤ 摆辅助用具 ⑥ 检查 结束	摆出的餐台符合西餐宴会的标准、规格及主办方的要求

关键问题点

1. 根据宴会规格和主办方的要求，挑选符合宴会情况的餐台，包括方形台、长方形台、一字形长台、T型台、U型台等
2. 按照西餐的台布铺设要求操作，当几块台布连在一起时需要注意以下三点要求
   （1）所有台布鼓缝方向一致
   （2）台布连接的边缘要求重叠
   （3）所有台布下垂部分要求平行相等
3. 餐椅摆放应注意以下两个方面
   （1）参加宴会的客人人数为偶数时，可采用面对面方式摆放餐椅
   （2）参加宴会的客人人数是奇数时，可采用交错方式摆放餐椅
4. 按照"西餐餐具配备与摆放规范"操作
5. 摆放辅助用具时应注意以下问题
   （1）盐瓶、胡椒瓶、牙签筒等按四人一套的标准摆放在餐台中线
   （2）烟灰缸从主宾位右侧起，每两人摆一个
   （3）菜单摆放于正副主宾的右侧，距桌边1.5厘米
   （4）将插花的花瓶摆放于餐台的中心位置
   （5）将烛台摆放于中间鼓缝处，距花瓶10厘米
6. 按西餐铺台中的检查要求进行检查

四、西餐宴会服务工作程序与关键问题

西餐宴会服务工作程序	工作目标
开始 ① 准备服务 迎接客人 ② 服务客人 欢送客人 收台 结束 服务酒水 服务头盘 服务汤 服务葡萄酒 服务主菜 清台 服务甜品 服务咖啡或茶	1. 为客人提供舒适的、高规格的西餐就餐服务 2. 通过提供优质服务增加主办方及客人的满意度，进而创造效益 **关键问题点** 1. 宴会前的准备服务按照西餐宴会的摆台和西餐的铺台程序进行，同时注意以下两个问题 （1）服务员将蜡烛点燃并向水杯中注入杯量4/5的冰水 （2）面包与黄油分别放在面包篮与黄油罐里并摆在桌上 2. 服务客人时，严格按照西餐的相关服务规范服务并注意以下方面 （1）当迎宾员将客人领到宴会厅后，服务员需注意客人的座次问题 ①一字型宴会桌的两头是主宾与副主宾的位置，主宾的位置正对宴会厅入口 ②主人、副主人两侧的位置按次序依次是主宾、副主宾、第三客人、第四客人 （2）在客人入座后，一般按照客人要求提供酒水服务 （3）服务头盘与主菜时，服务员应征得客人同意后再撤盘 （4）服务葡萄酒时，应先请主宾试酒，并在征得客人同意后再撤下白酒杯

五、商务会议接待准备程序与关键问题

商务会议接待准备工作程序	工作目标
	会议接待准备工作符合主办方的召开要求

	关键问题点
开始 → ① 会议召开情况分析 → ② 会议室布置 → ③ 会议用品摆放 → ④ 会议接待人员安排 → 整体检查 → 结束	1. 需对以下内容进行分析,确定会议召开要求 (1) 会议主办方的名称、会议名称 (2) 会议类型、会议规模及会议召开时间 (3) 主席台的人数、名单及身份 (4) 会议召开所需的设施设备 (5) 会场布置要求 (6) 会议服务要求 (7) 会议召开的特殊要求 2. 会议室布置标准 (1) 根据会议的类型、性质及与会人数,结合会议室的具体情况进行会场布局,确定会议用桌的形状、大小与数量,并摆放会议桌和座椅 (2) 根据主办方的要求,在会场内悬挂会标、条幅 (3) 根据主办方要求及会议室的实际情况,准备照明设备及音响设备 (4) 做好会场清洁卫生工作,保证会场整洁卫生 3. 会议用品摆放标准 (1) 根据主办方要求及与会人数,提供相应规格和数量的热水瓶、茶杯、茶叶、毛巾、烟灰缸、纸笔等用具,并摆放整齐 (2) 根据主办方要求布置衣帽间,准备足够的衣架、存衣牌等物品 (3) 根据主办方要求及会议室的实际情况,准备相应的装饰物品装饰会场 4. 会议接待人员用品摆放标准 (1) 根据会议规模及宴会厅人员的实际情况,安排合适数量的会议接待人员 (2) 根据主办方要求、会议类型及宴会厅人员的实际情况,安排素质能力适合的会议接待人员

六、商务会议服务工作程序与关键问题

商务会议服务工作程序	工作目标
开始 ① 迎宾服务 客人服务交接 ② 会中服务 ③ 会后服务 结束	1. 为与会人员提供舒适的、优质的会议服务 2. 通过提供优质服务增加主办方及与会人员的满意度，确保商务会议有序展开
	关键问题点
	1. 按照"酒店会议服务标准和规范"的标准进行 2. 根据主办方要求在会中提供相应的服务，具体服务标准以"酒店会议服务标准和规范"为准 3. 按照"酒店会议服务标准和规范"的标准进行

第四节 宴会厅服务标准与服务规范

一、宴会厅房检查标准

酒店餐饮部服务标准与服务规范文件		文件编号		版本	
标题	宴会厅房检查标准		发放日期		
1. 检查各厅房内的设施设备 （1）检查照明、通信设备是否完好。 （2）检查音响、空调设备是否完好。 （3）检查厅房内是否按照宴会主办方要求配备了相应设施设备，如演讲台、横幅、指示牌等。 2. 检查餐具、酒具、服务用具等 主要检查餐具、酒具、服务用具是否整洁、无破损，并按照宴会要求准备齐全。 3. 检查摆台、铺台情况 （1）检查各厅房的餐桌摆放形式是否符合宴会的规格和主办方的要求。 （2）检查宴会的桌椅是否牢固、干净。 （3）检查台布的铺设和台面上用具的摆放是否合乎规范，台布、用具是否整洁、无破损。 （4）检查台号是否正确，台面上是否按照主办方的要求摆有姓名牌。 （5）检查菜单是否干净、精美。 4. 检查各厅房的其他布置 主要检查厅房的其他布置（如厅房内的装饰物、衣帽架、沙发等）是否满足客人的要求。 5. 检查各厅房的清洁情况 主要检查各厅房的墙壁、门窗、地毯、沙发、衣帽架及厅房内的装饰物等的清洁工作质量。					
签阅栏		签收人请注意：在此签字时，表示您同意以下两点内容。 1. 本人保证严格按此文件要求执行。 2. 本人有责任在发现问题时，第一时间向本文件审批人提出修改意见。			
相关说明					
编制人员		审核人员		审批人员	
编制日期		审核日期		审批日期	

二、中餐宴会服务规范

酒店餐饮部服务标准与服务规范文件		文件编号		版本	
标题	中餐宴会服务规范	发放日期			

1. 宴会前的服务规范

（1）根据宴会规格及主办方的要求准备好宴会所需的各种餐具、酒具和服务用具等。

（2）根据宴会规格和主办方的要求进行摆台、铺台及宴会厅房的布置。

①摆台时，桌与桌之间要留有足够的空间，方便客人和服务员的走动。

②按以四个客人为一个单位配备一个烟灰缸的原则摆放烟灰缸。

（3）按以四桌为一个单位配备一个操作台的原则配备足够的操作台。

①操作台上的餐具分类摆放，并控制摆放高度。

②将操作台和收餐台分开设置，保持台面清洁。

（4）一般以每位客人三条热毛巾的标准进行准备（即入座时一条、上汤或羹时一条、上完甜品后一条），用骨碟盛放。

（5）迎宾员协助主办方做好迎宾服务。

①客人到达前的5~10分钟，迎宾员在门口迎候客人。

②客人到达时用敬语表示欢迎。

③协助客人接挂衣帽，存放物品。

（6）客人到餐桌前时，服务员帮助客人拉椅让座，按照"先女宾后主人"的顺时针顺序端茶送巾，并帮助客人打开席巾，铺在膝盖上。

（7）宴会厅主管与主办方核实到场人数、宴会程序和上菜时间。

2. 宴会开始后的服务规范

（1）宴会中的服务员站位。

宴会中服务员一般面向主宾台站在五点钟方位。

（2）上菜时的服务规范。

①上菜时必须先从主台开始上，其他台不能抢先。

②每上一道菜，服务员必须报上菜名。

③按照冷菜、热菜、主菜、汤、主食、水果等先冷后热的次序上菜，按先女后男、先主后从、先年长后年幼的顺序上菜，有装饰的要上到装饰盘的中央。

④上盘边上伴有主花的菜时，应将主花对着主宾的位置。

⑤上鸡、鸭、鱼等有造型的菜或造型仿造此类动物的菜时，一般遵照"鸡不献头、鸭不献尾、鱼不献脊"的习惯摆放，即不要将鸡头、鸭尾、鱼脊对着主宾。

⑥所上菜品如果配有佐料，应该先上佐料后上菜品。

⑦掌握上菜时机，控制上菜速度，一般应按照主宾台的用餐速度上菜。

（3）分菜服务规范按照"中餐分菜服务标准与规范"执行。

（续）

（4）在宴会进行过程中，服务员要注意客人的动作及示意，主动、热情地做好服务，并要做到走路轻、说话轻、动作轻。

（5）撤换餐具、用具时的服务规范。

①大型宴会需要每一道菜换一次碟。

②如碟内有未吃完的食物，需征得客人同意后再撤换；如客人不同意，则应准备好干净的碟子，等客人吃完后再撤换。

③如发现客人的碟内有牙签或骨头时，应主动撤换。

④如客人的餐巾、餐具、筷子等掉到地上时，应主动撤换。

⑤如客人的烟灰缸中有两个及以上烟头时，应主动撤换。

3. 宴会结束后的规范服务

（1）送别客人。

①在客人未离开时，继续为客人服务，严禁在语言、表情、动作上流露出催促之意。

②当客人离开时，协助客人递送存放的物品，跟客人礼貌道别。

③客人走后，检查座位和台面，发现遗留物品应及时送还。

④迎宾员送客宴会厅至门口或电梯口，向客人致谢，微笑道别。

（2）清点宴会物品，发现短缺时应及时上报宴会领班进行处理。

（3）撤台，整理清洁桌椅、餐具、酒具及服务用具等。

（4）清洁厅房卫生，使宴会厅恢复原样。

签阅栏		签收人请注意：在此签字时，表示您同意以下两点内容。 1. 本人保证严格按此文件要求执行。 2. 本人有责任在发现问题时，第一时间向本文件审批人提出修改意见。	
相关说明			
编制人员		审核人员	审批人员
编制日期		审核日期	审批日期

三、中餐宴会摆台标准

酒店餐饮部服务标准与服务规范文件		文件编号		版本	
标题	中餐宴会摆台标准	发放日期			

1. 整体要求

所有涉及到宴会摆台的物品，要求干净、整洁、无破损。

（续）

2. 餐桌摆放标准

（1）根据主办方的要求，选用餐桌（一桌 10 ~ 12 人选用圆桌，16 ~ 30 人选用长方形、U 型或中空式餐桌）摆放台型。

（2）餐桌需根据宴会的规格和主办方的要求在中央摆放鲜花、水果山或用彩带装饰出来，体现宴会接待档次。

3. 台布铺设标准

（1）铺台布时要求服务员站在餐桌的一侧，将台布正面朝上抖开，一次到位。

（2）铺好后的台布要求：图案花饰端正，褶线居中，凸缝向上，四角与桌脚直线垂直，下垂部分长短一致，盖住桌脚。

（3）多桌宴会时，要求所有台布颜色、规格一致。

4. 桌裙铺设标准

（1）将桌裙按顺时针方向固定在桌沿上，底边离地 10 厘米。

（2）桌裙下垂部分舒展自然，长短适中，接缝处不能朝向主宾。

5. 餐具、酒具及服务用具的摆放标准

餐具、酒具及服务用具的摆放标准见下表。

餐具、酒具及服务用具的摆放标准

类别	摆放标准	备注
骨碟	骨碟与骨碟间距相等，距桌边 1 厘米	三者间距相等，相距 1 厘米，中心呈一条直线
汤碗	位于骨碟左上方，内置汤匙，匙柄朝左	
调味皿	位于骨碟右上方	
垫盘	位于席位正中，距桌边 2 厘米，如有店标，花纹应正对客人	
筷子	位于垫盘右侧，放在筷架上，底部距桌边 2 厘米	
牙签	位于筷子右下侧，间距 1 厘米，距筷子底部 2 厘米	
水杯、酒杯、葡萄酒杯	三者中心位于一线，间距均为 1 厘米	
烟灰缸	位于酒具右侧，每两人摆一个，其中一个架烟孔朝向桌心，另两个朝向两侧客人	
火柴	放在位于正副主宾位附近的烟灰缸的前端	
菜单	位于骨盆左边，数目视具体情况而定，但主副宾必须人手一册	
鲜花	位于转台中央	
台号牌	位于鲜花右侧，号码朝向进门处	

（续）

6. 餐椅摆放标准 按照席位的安排配置餐椅，餐椅中心与骨盆中心位于一条直线上，平行于桌裙垂直方向。			
签 阅 栏		签收人请注意：在此签字时，表示您同意以下两点内容。 1. 本人保证严格按此文件要求执行。 2. 本人有责任在发现问题时，第一时间向本文件审批人提出修改意见。	
相关说明			
编制人员	审核人员		审批人员
编制日期	审核日期		审批日期

四、会议摆台服务规范

酒店餐饮部服务标准与服务规范文件		文件编号		版本	
标题	会议摆台服务规范	发放日期			

1. 准备用具

根据客人的要求，先准备所需的各种用具和设备，包括会议桌椅、水杯、杯垫、水扎、茶杯、茶壶、台布、台裙、口布、纸、笔、鲜花等。

2. 确定台型

按照规定的台型摆好桌椅，常见的会议台型包括课桌型、U型、椭圆型、长方型、圆桌型等。

3. 摆台

（1）铺好台布，确保台布干净、平整。

（2）摆好座椅。座椅摆放要整齐，侧看应在一条直线上。

（3）每套桌椅对应摆一份散页纸、一支铅笔，纸的底边要与桌沿距离约1厘米，铅笔摆在距纸右侧约1厘米的地方，尽量确保铅笔末端与纸底边对齐。铅笔摆放时，应将商标朝上。

（4）水杯或茶杯要放在杯垫上，杯垫店标朝上摆在纸的正上方，杯垫距离纸的上沿约2厘米。

（5）客人要求摆放矿泉水时，矿泉水也要放在杯垫上，水杯在左，矿泉水在右，两者之间距离约2厘米。

4. 调试和摆放设备

按客人要求摆放设备，并调试好麦克风、投影仪、电视、音响、大屏幕等相应设备。

5. 核对和检查

检查台型是否符合客人的要求，是否存在摆台错误，各种设施设备是否处于正常工作状态。

（续）

签阅栏		签收人请注意：在此签字时，表示您同意以下两点内容。 1. 本人保证严格按此文件要求执行。 2. 本人有责任在发现问题时，第一时间向本文件审批人提出修改意见。
相关说明		
编制人员	审核人员	审批人员
编制日期	审核日期	审批日期

五、宴会结账服务规范

酒店餐饮部服务标准与服务规范文件		文件编号		版本	
标题	宴会结账服务规范	发放日期			

1. 结账前的准备工作

（1）在宴会即将结束时，准备好宴会订单、空白账单和账单夹。

（2）当宴会主办方示意结账时，收银员根据宴会订单和实际消费情况，清楚地填写消费内容和收费价格并正确计算总额。

（3）收银员将账单仔细核对后，经服务员手交于客人签字确认。

2. 不同结账方式的结账规范服务

（1）现金结账。

①当客人现金结账时，要当着客人的面点清金额，并请客人稍候。

②收银员收取现金时，要唱票唱收，并在账单的三联上都盖上现金收讫的章。

③收银员收完现金后，将账单第一页和找零金额交于客人，并表示感谢。

（2）信用卡结账。

①当客人用信用卡结账时，收银员应先确认酒店能否接收客人结账用的信用卡，并请客人出示身份证或其他有效证件，如军人证、驾驶证、护照等。

②客人刷卡后，收银员将信用卡收据交于客人签字，并核对签字是否与信用卡上的姓名相一致。

③收银员确认完签字后，将信用卡、收据存根、账单第一页交于客人，并表示感谢。

（3）住店客人签单。

住店客人签单时，需要说明房间号并出示房间钥匙，收银员需将这些信息清楚地填写后请客人签字确认，然后转入总台并向客人表示感谢。

3. 结账注意事项

（1）结账单要求整洁，账单上的字迹清晰，不允许涂改。

（续）

		签收人请注意：在此签字时，表示您同意以下两点内容。 1. 本人保证严格按此文件要求执行。 2. 本人有责任在发现问题时，第一时间向本文件审批人提出修改意见。
签阅栏		
相关说明		
编制人员	审核人员	审批人员
编制日期	审核日期	审批日期

六、酒会服务工作规范

酒店餐饮部服务标准与服务规范文件		文件编号		版本	
标题	酒会服务工作规范	发放日期			

1. 酒会开始前的检查

在酒会开始前 30 分钟检查的项目如下。

（1）各种食品是否已备齐。

（2）餐具、餐盘、杯具等物品数量是否充足并已摆放完毕。

（3）各种酒水、饮料及冰块是否已准备好。

2. 酒会中的服务

（1）酒会开始时，领位员要站在门口面带微笑地迎接前来参加酒会的客人，主动问候并将客人引到相应的座位上，并用计数器统计人数。

（2）服务员在酒会刚开始前，用托盘准备好酒水，在餐厅里迎候客人。酒会开始后，服务员要随时、主动地为客人提供酒水服务。服务过程中，应注意避让客人。

（3）服务员要随时清理酒会桌上客人用过的餐具、杯具等物品，并要随时更换烟灰缸，添加餐巾纸、牙签等物品。

（4）要及时添加各类食品及餐具、餐盘等物品，做到供应充足，让客人满意。

3. 酒会结束时的送别

酒会结束时，服务员要礼貌地向客人致谢并送别。

（续）

签 阅 栏		签收人请注意：在此签字时，表示您同意以下两点内容。 1. 本人保证严格按此文件要求执行。 2. 本人有责任在发现问题时，第一时间向本文件审批人提出修改 　 意见。		
相关说明				
编制人员		审核人员	审批人员	
编制日期		审核日期	审批日期	

七、茶歇服务工作规范

酒店餐饮部服务标准与服务规范文件		文件编号		版本	
标题	茶歇服务工作规范	发放日期			

1. 根据客人的人数，提前准备好茶歇所用的水台。

2. 检查各种餐具和杯具是否干净。

3. 在预定的茶歇时间前 15 分钟准备好相应的酒水及茶点。

4. 客人到茶歇时间时，由服务员引导客人来到茶歇台。

5. 服务员为客人介绍准备好的茶点，并为客人提供茶点服务。

6. 茶歇时间结束后，服务员要快速清理现场。

签 阅 栏		签收人请注意：在此签字时，表示您同意以下两点内容。 1. 本人保证严格按此文件要求执行。 2. 本人有责任在发现问题时，第一时间向本文件审批人提出修改 　 意见。		
相关说明				
编制人员		审核人员	审批人员	
编制日期		审核日期	审批日期	

八、签字仪式服务规范

酒店餐饮部服务标准与服务规范文件		文件编号		版本	
标题	签字仪式服务规范	发放日期			

1. 准备工作

(1) 根据订单的人数和要求，宴会厅领班确定签字台的大小和位置，签字台后侧要注意留出空间。

(2) 准备好摆台用的台布、鲜花、屏风、花草等用具。

2. 摆台

(1) 服务员在签字台上铺上平整、干净的台布。

(2) 在桌上摆放两套签字用文具（若是两个国家的签字仪式，还应摆放两国的国旗），另备一个吸干墨水器。

(3) 在长形签字台的中央位置摆放长形造型的鲜花。

(4) 按签字人数的要求，摆放相应数目的座椅。

(5) 在距离座椅约 1 米处，放置一排高低层踏脚板，以便签字双方人员站立合影。

(6) 准备好音响设备，并确保设备能够正常工作。

(7) 在签字台侧前方摆放一个吧台。

(8) 在签字台后面摆放一面略长于签字台的屏风。

(9) 将高度超过 0.5 米的花瓶摆放在屏风两端稍靠前的位置。

3. 提供酒水服务

(1) 服务员将酒水、酒杯、托盘等摆放在签字台侧前方的吧台上。

(2) 待客人签字仪式完毕，应立刻用托盘将酒水送到所有客人面前，主要客人要由专人服务酒水。

(3) 如时间和条件允许，双方具备庆祝后，为客人送上一块小毛巾。

(4) 待客人干杯后，立刻用托盘将空酒杯撤走。

签阅栏		签收人请注意：在此签字时，表示您同意以下两点内容。 1. 本人保证严格按此文件要求执行。 2. 本人有责任在发现问题时，第一时间向本文件审批人提出修改意见。	
相关说明			
编制人员		审核人员	审批人员
编制日期		审核日期	审批日期

九、宴会迎送客人服务标准

酒店餐饮部服务标准与服务规范文件		文件编号		版本	
标题	宴会迎送客人服务标准	发放日期			

1. 宴会迎接客人的工作标准

（1）客人到宴会厅前的 5 ~ 10 分钟，迎宾员在宴会厅门口协助主办方迎接客人。

（2）赴宴客人距离宴会厅门口 1 米时，迎宾员应主动上前迎接客人并用敬语问候客人。

（3）问候完毕，迎宾员用手势和敬语请客人进宴会厅，并在客人右前方 50 厘米处引领客人，步速要与客人保持一致。

（4）客人走进宴会厅后，服务员应为客人接挂衣帽。

（5）当客人走到餐桌前时，服务员要为客人拉开座椅，递上毛巾，并送上茶水。

（6）当客人表示有物品需要存放时，服务员应帮助客人存放。

2. 宴会欢送客人的服务标准

（1）宴会结束后，在客人未离开前，应继续服务，严禁对客人在言语、表情、动作上流露出催促的意思。

（2）当客人准备离开时，应为客人拉椅，拿取衣帽，提醒客人不要遗留物品，并取出客人存留的物品。

（3）当客人走到宴会厅门口时，迎宾员应迅速上前，与客人礼貌道别，并欢迎客人下次光临。

（4）当主办方要求将剩菜打包带走时，服务员可请客人稍等，并迅速将菜打好包交给客人。

（5）客人走后，检查厅房，若发现客人遗留物品，应及时联系领班。

签阅栏		签收人请注意：在此签字时，表示您同意以下两点内容。 1. 本人保证严格按此文件要求执行。 2. 本人有责任在发现问题时，第一时间向本文件审批人提出修改意见。	
相关说明			
编制人员	审核人员		审批人员	
编制日期	审核日期		审批日期	

十、婚宴服务标准与服务规范

酒店餐饮部服务标准与服务规范文件		文件编号		版本	
标题	婚宴服务标准与服务规范	发放日期			

1. 婚宴开始前的服务标准与规范

（1）服务人员在婚宴前掌握婚宴预订的内容和主办方的其他要求。

（2）按照主办方的要求布置场地。

（3）按照婚宴预订的内容和主办方的要求摆台、铺台。

（4）迎宾工作按照"宴会迎送客人服务标准与规范"中的迎宾要求进行。

（5）婚宴开餐前30分钟摆放冷菜，摆放时要求餐盘距桌边的距离相等，盘距相等。

（6）带汤匙的冷菜，应将汤匙一并送上。

2. 婚礼仪式中的服务标准与规范

（1）婚礼仪式开始时，迎宾员在宴会厅门口为新人提供拉门服务。

（2）服务员需配合司仪拿交杯酒、切蛋糕等。

（3）服务员需配合新人开香槟。

3. 婚宴进行中的服务标准与规范

（1）上菜时从陪同之间或间隙大的地方上菜。

（2）其他上菜服务规范按"中餐上菜服务标准与规范"中的要求进行。

（3）分菜按"中餐分菜服务标准与规范"中的要求进行。

（4）撤换餐具按照"中餐宴会服务标准与规范"中的要求进行。

（5）宴会进行一半时，将台面上不需要的餐具撤除，以保持台面整齐。

（6）注意观察台面，征得客人同意后将客人不再用的菜品撤下。

4. 婚宴结束时的服务标准与规范

（1）在婚宴即将结束时，必须征得客人的同意才可撤除餐具与用具。

（2）客人未用完餐时，服务人员应继续提供服务，严禁在言语、表情、动作上流露出催促的意思。

（3）欢送客人时按"宴会迎送客人服务标准与规范"中的送客要求进行。

5. 婚宴服务中的其他注意事项

（1）宴会厅领班必须了解每一场婚宴客人的具体负责人。

（2）服务员要协助主办方发放香烟、糖果，剩余的要及时回收并交还主办方。

（3）主办方外带的婚宴布置宴会厅要收取押金，婚宴结束后经宴会厅领班检查厅房无损后将押金退还。

（4）主办方自带酒水需与宴会厅经理当面点清，婚宴结束后领班清点剩余酒水并帮助主办方搬运。

（5）婚宴中严禁在宴会厅内燃放烟花。

（续）

		（6）婚宴结束后主办方若提出对剩菜进行打包时，服务人员应分门别类进行打包后，交给主办方。 （7）加强安全防范意思，宴会中注意观察有无可疑人员进入宴会厅。
签阅栏		签收人请注意：在此签字时，表示您同意以下两点内容。 1. 本人保证严格按此文件要求执行。 2. 本人有责任在发现问题时，第一时间向本文件审批人提出修改意见。
相关说明		
编制人员	审核人员	审批人员
编制日期	审核日期	审批日期

十一、酒店会议服务标准与规范

酒店餐饮部服务标准与服务规范文件		文件编号		版本	
标题	酒店会议服务标准与规范	发放日期			

一、迎宾服务标准与规范

1. 迎宾员需在会议开始前＿＿分钟到达会场，协助主办方在会议室门口迎接参会人员。

2. 迎宾员需在参会人员距离会议室门口＿＿米时，面带微笑上前迎接，然后向参会人员行45°鞠躬礼，并向参会人员致欢迎词。

3. 迎宾员需将右手手臂伸直，手指自然并拢，掌心向上，向行进的方向做出"请"的手势，并对参会人员说"先生/女士，这边请"。

4. 迎宾员需在参会人员右前方50厘米处引领其入场，步速要同参会人员的行走速度保持一致。

5. 迎宾员需先将参会人员引领至签到处签到，并根据位置安排，将其引领到座位上。

6. 迎宾员需在参会人员入座前询问其是否需要提供衣帽服务，如参会人员需要，则需将其衣帽挂在衣帽间，并将存衣牌交予参会人员；如参会人员不需要，则需为参会人员拉椅让座，待其落座后向其道别。

二、服务交接标准与规范

1. 迎宾员需对负责相关服务区域的服务员进行交接，明确告知其参会人员的基本情况。

2. 服务员与迎宾员交接后，需主动问候已入座的参会人员，并为其提供茶水服务。

三、会中服务标准与规范

1. 会场服务员需根据主办方的要求或会场需求，每隔＿＿分钟为参会人员斟添茶水。

2. 会场服务员需根据会议进程，进行灯光调节。

3. 会场服务员需根据会议需要提供话筒传递服务。

（续）

4. 迎宾员需在会议期间站于会议室门口，主动为进出会场的参会人员拉/关大门。

5. 会场服务员需在会中休息开始前＿＿分钟准备好茶歇。

6. 会中休息期间，迎宾员需将会议室门打开，引领参会人员去休息室休息。

7. 会场服务员需及时打扫会场卫生，整理或更换各类相关用品。

8. 会场服务员需礼貌询问参会人员所需的饮品或茶点，并迅速为其服务，同时需保持餐台及周围环境的卫生整洁。

9. 会场服务员需在茶歇结束后整理餐台。

10. 迎宾员需在会议重新开始后将会议室门关闭。

11. 如在会议期间主办方或参会人员提出额外要求，会场服务员需视情况及时通知上级或相关服务人员进行处理。对于不能予以满足的要求，会场服务员需婉拒。

四、会后服务标准与规范

1. 会议结束时，迎宾员需及时将会议室门打开。

2. 会场服务员需礼貌送客，有序引导参会人员离开会场。如参会人员寄存衣帽，需及时根据存衣牌为其领取衣帽。

3. 参会人员全部离场后，会场服务员需检查会场有无参会人员遗留物品。如发现遗留物品，需及时上报上级进行归还。

4. 会场服务员需清扫会场卫生，回收可重复利用的物品，并将桌椅及相关设施设备归位。

5. 宴会厅领班需对会场进行整理检查，确保会场干净卫生、用具齐全、设备完好、无安全隐患。

6. 宴会厅领班需在检查完毕后，将会场的灯关闭，撤出锁门，并将钥匙交回指定存放处。

签阅栏		签收人请注意：在此签字时，表示您同意下述两点内容。 1. 本人保证严格按此文件要求执行。 2. 本人有责任在发现问题时，第一时间向本文件审批人提出修改意见。			
相关说明					
编制人员		审核人员		审批人员	
编制日期		审核日期		审批日期	

第五节 宴会厅服务常用文书与表单

一、宴会预订单

主办方名称				订单编号	
联系人		联系电话		传真	
宴会形式		举办地点		举办日期	___年___月___日
宴会开始时间	___时___分		宴会结束时间		___时___分
宴会桌数			赴宴人数		
结账方式			预计消费总额		
预付订金	小写：		大写：___百___拾___万___千___百___拾___元		
预订菜单			服务要求		
1.			1.		
2.			2.		
3.			3.		
宴会厅经理意见					
餐饮部经理意见					
经手人			填单日期		___年___月___日

备注：菜单与服务要求可另附纸写。

二、宴会接待通知单

编号：   签发日期：___年___月___日

主办方名称			接待通知单编号	
宴会形式		接待地点	负责部门	
出席领导			出席人数	
具体要求				
1.				
2.				
3.				
签发人			餐饮部经理签字	

三、宴会更改通知单

宴会名称		宴会安排编号	
预订日期		更改、补充日期	
更改、补充的具体内容			
1.			
2.			
3.			
经手人签字		餐饮部经理签字	

四、宴会服务安排表

编号：　　　　　　　　　　　　　　　　　　　　　　　　日期：＿＿＿年＿＿＿月＿＿＿日

项目	台号	楼面主管	值班服务员	传菜员	宴会负责人
午餐					
晚餐					
备注					

五、宴会日经营状况表

编号：　　　　　　　　　　　　　　　　　　　　　　　　日期：＿＿＿年＿＿＿月＿＿＿日

消费类型	婚寿宴	商务宴	VIP 团队	其他
菜品收入				
酒水收入				
现金收入				
应收账款				
消费人数				
人均消费额				
餐位利用率				
营业总收入	小写：	大写：＿＿百＿＿拾＿＿万＿＿千＿＿百＿＿拾＿＿元		

六、会议设施鲜花用品明细表

会议名称					
会议举办方				会议召开时间	
会议召开设施设备	名称	型号	数量	负责人	备注
会议召开用品	名称	规格	数量	负责人	备注

第六节　宴会厅服务质量提升问题解决方案

一、宴会厅服务方案

标　　题	宴会厅服务方案		文件编号		版本	
执行部门		监督部门		考证部门		

一、上菜服务

（一）上菜顺序

1. 上菜主要遵照订单的次序，一般按照从冷到热的顺序上菜。

2. 上菜的次序一般应遵循女士优先、先主后宾，顺时针方向依次服务的原则。

3. 上菜的开始时间应在客人入席后或者主办方吩咐以后开始，菜品从左侧上，饮料从右侧上。

4. 每道菜上之前先放到操作台上，将餐桌上的前一道菜摆放到主宾前或者视情况撤除，再将后一道菜摆上。

（二）上菜速度

1. 上菜的速度应根据宴会餐饮进行的速度而定。

2. 避免上菜脱节，客人吃得快就上快些，客人吃得慢就上慢些。

3. 热菜要尽快上，避免变冷以后失去应有的味道。

4. 避免上菜过快，造成桌面上盘碗重叠。

（续）

二、斟酒服务
（一）中餐宴会斟酒服务
1. 服务员在开席前 5 分钟将主宾的酒斟好。
2. 斟酒顺序一般按照女士优先、先宾后主的原则，沿逆时针方向斟酒。
3. 服务员在斟酒时应站在每一位客人的右后侧，保持适当距离。
4. 服务员在斟酒时，不能将瓶口对着客人。
5. 服务员在斟酒时，保持瓶口与客人杯口的距离为 1 厘米，避免瓶口与杯口相碰。
6. 每斟完一杯酒后，服务员将酒瓶顺时针旋转一个角度收回，避免瓶口的酒滴落在桌上。
7. 斟有泡沫的酒时，最好分两步完成，防止杯中泡沫溢出。
（二）西餐宴会斟酒服务
1. 斟酒时，一般按照女士优先、先宾后主的原则，从客人右侧沿顺时针方向斟酒。
2. 服务员在斟酒时，不能将瓶口对着客人。
3. 每斟完一杯酒后，服务员应将酒瓶应顺时针旋转一个角度收回，避免瓶口的酒滴落在桌上。
4. 服务员在斟酒服务过程中动作要轻，避免酒中沉淀物泛起，影响酒的品质。
5. 当酒瓶中剩下一杯酒时，服务员需征求主人意见是否准备另一瓶酒。
6. 斟酒量的把握：香槟酒、白葡萄酒一般为杯量的 2/3，红葡萄酒一般为杯量的 1/2。
7. 香槟酒在给所有客人斟完后，需将酒瓶放回冰桶冰冻。
8. 斟有泡沫的酒时，最好分两步完成，防止杯中泡沫溢出。
三、桌椅搬运和存放
（一）宴会桌椅的整理
1. 整理宴会餐桌时，将餐桌放倒后收起桌腿。
2. 整理宴会餐椅时，以 10 把餐椅为一个单位整理在一起。
（二）宴会桌椅的运送
1. 运送长台餐桌时，要使餐桌脱离地面，不得在地毯上拉拖。
2. 运送圆台餐桌时，要将圆台餐桌立起，双手扶桌，滚动前进。
3. 运送特殊餐桌时，需多人将其抬起运送。
4. 运送餐椅时，用餐椅车按单位运送。
（三）宴会桌椅的存放
存放宴会桌椅时，要求方向一致，整齐堆放，以便于下次取用。

相关说明	

二、宴会预订更改或取消服务方案

标　　题	宴会预订更改或取消服务方案		文件编号		版本	
执行部门		监督部门		考证部门		

1. 宴会预订更改服务方案

（1）预订员在宴会举行前三天主动与主办方联系，核实预订内容。

（2）若主办方提出更改预订，预订员需清楚记录预订单编号、主办方与原始预订情况。

（3）根据宴会厅条件和宴会安排情况，与主办方协商需要更改的内容。

（4）填写"宴会更改、补充通知单"。

（5）将宴会预订更改的内容通知到相关部门。

2. 宴会预订取消服务方案

（1）预订员在宴会举行前三天主动与主办方联系，核实预订内容。

（2）若主办方提出取消预订，预订员需询问取消预订的原因，并尽量挽回。

（3）若挽回不成，预订员需清楚记录预订单编号、主办方与原始预订情况及取消原因。

（4）将宴会预订取消情况立即向宴会厅领班报告。

（5）将宴会预订取消情况通知到相关部门。

相关说明	

岗位职责
+
绩效标准

工作程序
+
关键问题

执行技巧
+
解决方案

常用文书
+
工作表单

第五章

咖啡厅精细化管理

第一节 咖啡厅岗位描述

一、咖啡厅岗位设置

咖啡厅岗位设置	人员编制
餐饮部经理 餐饮部副经理	部门经理级 ____人
咖啡厅经理	经理级 ____人
咖啡厅领班	领班级 ____人
迎宾员　服务员　传菜员　酒水员	员工级 ____人

二、咖啡厅经理岗位职责

岗位名称	咖啡厅经理	所属部门	餐饮部咖啡厅	编　号	
直属上级	餐饮部副经理	直属下级	咖啡厅领班	晋升方向	
所处管理位置					

所处管理位置结构图：

餐饮部副经理
├── 西餐厅经理
├── 咖啡厅经理
│   └── 咖啡厅领班
└── 酒吧经理

（续）

职责概述	在餐饮部副经理的领导下，全面负责咖啡厅的日常经营活动，领导员工提供优质的服务，努力创造最大的利益	
职　责	**职责细分**	**职责类别**
1. 参与制定咖啡厅经营规划与规范文件	（1）在餐饮部副经理的指导下，制订咖啡厅的短期经营计划	周期性
	（2）建立健全咖啡厅的工作流程和服务标准，并监督其执行情况	日常性
	（3）参加餐饮部经理召开的例会，提出有助于提高本部门经营效益的合理化建议	周期性
2. 咖啡厅日常经营管理	（1）带领员工按照经营计划完成经营目标	日常性
	（2）督导并检查服务规范、员工纪律等规章制度的落实情况	日常性
	（3）负责咖啡厅人员的组织和调配，并督导其日常工作	日常性
	（4）审核营业收入与营业报告，杜绝舞弊行为	特别工作
	（5）解决客人的投诉问题，并向客人收集意见与建议	特别工作
	（6）督导员工完成环境清洁工作	日常性
3. 负责咖啡厅运营成本控制	（1）审批物品申请单，控制物品消耗，提高效益	特别工作
	（2）督导员工做好设施设备的保养工作，控制更新，节约成本	日常性
4. 员工管理	（1）督导实施培训计划，不断帮助员工提高自身技能与素质	日常性
	（2）定期对下属员工进行考评，提出奖惩方案	周期性

三、咖啡厅领班岗位职责

岗位名称	咖啡厅领班	所属部门	餐饮部咖啡厅	编　号	
直属上级	咖啡厅经理	直属下级	咖啡厅服务人员	晋升方向	
所处管理位置					

咖啡厅经理 → 咖啡厅领班 → 服务员 / 迎宾员

（续）

职责概述	在咖啡厅经理的领导下，严格贯彻咖啡厅的经营方针和各项规章制度，负责所在班组的日常管理，组织服务人员为客人提供优质的服务	
职　责	**职责细分**	**职责类别**
1. 带领班组成员做好对客服务工作	（1）负责对咖啡厅服务员进行排班和任务分配，确保人员充足	日常性
	（2）督导咖啡厅服务员做好本职工作，提高服务质量，发现问题应立即予以解决	日常性
	（3）填写咖啡厅的日营业报告和工作日记，并提交咖啡厅经理审阅	日常性
	（4）收集并整理客人的投诉，尽量予以解决	日常性
2. 咖啡厅物资设备管理	（1）负责咖啡厅用品的补充，并填写申领单，报咖啡厅经理审核	周期性
	（2）负责组织服务人员对咖啡厅内的设施设备进行日常的维护和保养	日常性
3. 员工管理	（1）协助咖啡厅经理组织实施培训计划	日常性
	（2）协助咖啡厅经理对员工绩效进行考评	周期性
	（3）负责所在班组员工的出勤考核	日常性

四、咖啡厅服务员岗位职责

岗位名称	咖啡厅服务员	所属部门	餐饮部咖啡厅	编　号	
直属上级	咖啡厅领班	直属下级		晋升方向	
所处管理位置					
职责概述	服从咖啡厅领班的工作调度与班次安排，严格按照服务员的工作服务程序与规范做好服务工作和领导交办的其他工作				

147

（续）

职 责	职责细分	职责类别
1. 按工作程序做好日常的基本工作	（1）服从咖啡厅领班的工作安排，并向咖啡厅领班汇报工作	日常性
	（2）按工作程序做好营业前准备、与上一班工作人员的交接班等事宜	日常性
	（3）按工作程序做好撤台、撤换烟灰缸、清洗用具等服务工作	日常性
2. 接待客人并提供优质服务	（1）在熟练掌握咖啡厅所有服务项目的基础上，严格按服务程序与规范对客提供服务	日常性
	（2）关注客人的习惯与爱好，及时提供服务以满足客人需求	日常性
	（3）负责收集客人意见，解答客人疑问	日常性
	（4）帮助客人开账单、结账	日常性
3. 其他相关工作	（1）做好咖啡厅整体环境的清洁工作，包括地面、服务台、用具等	日常性
	（2）负责对咖啡厅的设施、设备进行维护和保养	日常性
	（3）完成领导交办的其他工作	日常性

五、咖啡厅迎宾员岗位职责

岗位名称	咖啡厅迎宾员	所属部门	餐饮部咖啡厅	编　号	
直属上级	咖啡厅领班	直属下级		晋升方向	
所处管理位置					

职责概述	服从咖啡厅领班的工作调度和班次安排，严格按照迎宾员的工作程序与标准做好客人的领位工作

（续）

职　责	职责细分	职责类别
1. 接受订位	（1）当有电话订位或来人订位时，应及时、准确地填写订位本，清楚写明客人的特别要求，向客人复述并待客人确认后，及时向咖啡厅领班报告	日常性
	（2）向前来询问的客人介绍本咖啡厅的各式特色，吸引客人来咖啡厅消费	日常性
2. 迎送客人	（1）每天在营业前，细心统计可供客人入座的数量，合理安排客人入座	日常性
	（2）使用服务敬语，主动、热情地迎送客人，适时向客人介绍咖啡厅或酒店设施，回答客人的询问，保持良好的服务形象	日常性
	（3）熟悉咖啡厅内各座位、厅房位置及座位数量，及时、准确地为就餐客人选择并引领至客人满意的位置就座	日常性
	（4）当咖啡厅满座时，应礼貌、耐心地向客人解释，并为客人办好登记候位服务	日常性
	（5）客人离开咖啡厅时，要主动向客人道谢，并欢迎客人下次光临	日常性
3. 其他工作	（1）适时征询客人的意见及建议，记录客人的相关信息，做好客史资料收集工作，及时与服务员沟通，提高客人的满意度	特别工作
	（2）每天根据领位和排位的记录，统计每日来咖啡厅消费的客流量，并上报咖啡厅领班	日常性
	（3）发现客人的遗留物品应妥善保管，捡到贵重物品应立即上交咖啡厅领班	特别工作
	（4）当班结束后，与下一班工作人员做好交接工作；营业结束后，搞好所管辖区域的公共卫生，做好收尾工作	日常性

第二节　咖啡厅岗位绩效考核量表

一、咖啡厅经理绩效考核量表

序号	考核内容	考核指标及目标值	考核实施	
			考 核 人	考核结果
1	领导实现咖啡厅经营计划	咖啡厅年毛利达 ____元		
		咖啡厅年利润增长率达____%		
		经营计划完成率达____%		
2	督导实施服务规范等规章制度	客人满意度评价平均达____分		
		客人投诉事件不超过____次/月		
3	督导合理使用设施、设备，并严格控制物品的消耗	设施、设备更新率比去年同期降低____%，成本控制在预算范围内		
4	督导实施员工培训计划	员工培训计划完成率达____%		

二、咖啡厅领班绩效考核量表

序号	考核内容	考核指标及目标值	考核实施	
			考 核 人	考核结果
1	检查、保证咖啡厅日用品的准备情况	咖啡厅日用品的完备率达____%		
2	指导服务人员做好客人接待与服务工作	客人投诉事件不超过____次/月		
3	组织员工对设施、设备进行维护和保养	设施、设备的正常使用率达____%		
4	组织员工做好咖啡厅的清洁卫生工作	咖啡厅卫生达标率达____%		
5	负责班组人员的出勤考核	班组人员出勤率达____%		

三、咖啡厅服务员绩效考核量表

序号	考核内容	考核指标及目标值	考核实施	
			考 核 人	考核结果
1	严格按工作规范与服务标准向客人提供服务	例行检查时服务工作不符合规范与标准的项次为____项次/月		
2	解答客人提问，满足客人要求	客人对服务的满意度评分平均达____分		
3	保持咖啡厅的干净、整洁	咖啡厅卫生合格率____%		
4	维护、保养咖啡厅的设施、设备	设施、设备的正常使用率达____%以上		

四、咖啡厅迎宾员绩效考核量表

序号	考核内容	考核指标及目标值	考核实施	
			考 核 人	考核结果
1	根据客人的预订情况安排留位，合理迎领其他客人	餐位预订处理及时率达100%		
		客人对餐位预留的满意度评分平均达____分		
2	将客人迎领至适当的餐位	迎领服务不符合规范的项次不得超过____项次		
3	收集客人意见及投诉，及时向领班汇报	客人意见及投诉汇报及时率达____%		
4	做好当班期间咖啡厅客情人数的统计工作	当班期间客情人数统计准确率达100%		

第三节 咖啡厅工作程序与关键问题

一、英国茶服务程序与关键问题

英国茶服务程序	工作目标
	提供优质、高效的英国茶服务，最大限度地提升客人的满意度
	关键问题点
	1. 准备的所有用具需干净、整洁、无破损、无水迹。用具包括：茶壶、茶碟、茶杯、茶勺、奶盅、糖盅等 2. 准备茶水时需注意以下两个问题 （1）必须用沸水沏茶 （2）沏茶时，沸水倒入壶中 4/5 的位置 3. 进行茶水服务时需注意以下四个问题 （1）将茶杯、茶碟、茶勺依次摆在桌上时，茶杯把儿应与客人平行，茶勺把儿应朝右 （2）将盛放约 2/3 鲜牛奶的奶盅和糖盅放在台面中间位置，由客人自己取用 （3）倒茶时，按"女士优先、先宾后主"的顺序从客人右侧倒茶，水量为茶杯的 4/5 （4）当壶内的水剩 1/3 时，需为客人添加沸水

流程：开始 → ① 准备茶具及相关用具 → ② 准备茶水 → ③ 进行茶水服务 → 撤台 → 结束

二、普通咖啡服务程序与关键问题

普通咖啡服务程序	工作目标
	提供优质、高效的普通咖啡服务，最大限度地提升客人的满意度

关键问题点

1. 制作咖啡时需注意以下两个方面

（1）制作咖啡时选用的咖啡粉必须新鲜，无杂质、无异味

（2）制作咖啡时，要先在盛放咖啡粉的容器下面放一张咖啡过滤纸

2. 咖啡服务时需注意以下四个方面

（1）咖啡服务时，按"女士优先、先宾后主"的原则从客人的右侧服务

（2）服务员在咖啡服务过程中不许用手触摸咖啡杯口

（3）同一桌客人所使用的咖啡杯大小应一致

（4）为客人倒咖啡的量应为咖啡杯量的 4/5

3. 当客人咖啡杯中的咖啡只剩 1/5 时，询问客人是否需要继续添加

三、早餐服务程序与关键问题

早餐服务程序	工作目标
 开始 ↓ 迎接用早餐的客人 ↓ ① 将客人引入座位上 ↓ ② 记录客人点餐内容 ↓ ③ 上早餐 ↓ 提供餐间服务 ↓ 结账和送客 ↓ 结束	为客人提供优质、高效的早餐用餐服务，最大限度地提升客人的满意度
	关键问题点
	1. 引客人入座时需注意以下两个方面 　（1）迎宾员在客人左前方引导客人，根据客人的要求为客人安排餐桌，并询问客人是否满意 　（2）按照"女士优先，先宾后主"的原则为客人拉开座椅，示意客人入座，当客人到达餐椅前准备落座时，将餐椅轻轻前送 2. 记录客人点餐内容时需注意以下三个方面 　（1）客人入座后，服务员应主动向客人问候，并从客人右侧递上菜单和饮料单，同时询问客人用茶还是用咖啡 　（2）客人点餐时，服务员应站在客人右斜后方，上身微躬，详细记录客人所点的食品和饮料 　（3）客人点完餐后，应重复点餐内容并请客人确认 3. 给客人上早餐时需注意以下四个方面 　（1）客人点完餐后，服务员应尽快为其提供饮料 　（2）根据客人所点的食品和饮料，调整桌台原有的餐具 　（3）上早餐时，应检查食品与客人所点的是否一致，调味品与辅料是否齐全 　（4）按照先冷后热的顺序上早餐（欧陆式早餐上菜顺序为：自选果汁→各色早餐包点→咖啡或茶。美式早餐上菜顺序为：自选果汁或水果→鲜蛋配火腿→咸肉或香肠→咖啡或茶），每上一道，都要准确地报出名称

四、咖啡制作服务程序与关键问题

咖啡制作服务程序	工作目标
	为客人提供优质、高效的咖啡制作服务，最大限度地提升客人的满意度

	关键问题点

咖啡制作服务程序流程图：

开始
↓
① 进行准备
↓
② 制作咖啡
↓
送上咖啡
↓
添加咖啡
↓
结束

关键问题点

1. 进行准备时要做好以下两个方面

 （1）根据客人订单，服务员准备好相应数量的咖啡杯、咖啡碟、咖啡勺、长饮杯等

 （2）准备制作咖啡的原料，如咖啡粉、咖啡豆、牛奶

2. 制作咖啡时需注意以下五个方面

 （1）将咖啡豆或咖啡粉放入全自动咖啡机中

 （2）将准备好的咖啡杯放置在咖啡机下面的出口处

 （3）按动机器的操作按钮（咖啡制作好后，咖啡机会自动关闭）

 （4）若是制作冰咖啡，应将制作好的咖啡倒至长饮杯 2/3 处，再将三个冰块添加到长饮杯中，使咖啡冷却

 （5）若是制作卡布奇诺，应先向瓷壶内倒入 1/3 牛奶，用热蒸气管将牛奶加热直至起沫，再将牛奶沫放入已制作好的咖啡杯中，最后将少量肉桂粉均匀地撒在咖啡杯中的牛奶沫上

第四节　咖啡厅服务标准与服务规范

一、咖啡厅服务标准

酒店餐饮部服务标准与服务规范文件		文件编号		版本	
标题	咖啡厅服务标准	发放日期			
1. 准备提供服务的用具 （1）所准备的用具要求干净、整洁、卫生，无破损，无水迹。 （2）所有用具要求配套使用且在同一餐桌上保持一致。 （3）在奶盅中注入 2/3 的鲜奶。 （4）在糖盅中按照每人 2 袋的标准放入普通砂糖、低热量糖粉、咖啡焦糖等。 2. 摆放服务用具 （1）垫碟摆放在客人正前方，咖啡杯倒置在垫碟上，杯把儿朝右且与客人平行。 （2）咖啡勺放在垫碟内的上方，勺柄朝右。 （3）奶盅、糖盅按每 2~3 人一套摆放在桌子的中间位置，以便客人选用。 3. 服务客人 （1）检查煮好的咖啡的温度是否在 80℃ 以上。 （2）按照"女士优先、先宾后主"的顺序沿顺时针方向从客人右侧倒咖啡。 （3）倒咖啡时，咖啡杯不能离开桌面。 4. 添加咖啡 （1）当客人的咖啡杯中的量剩 1/5 时，征得客人同意后及时为客人添加咖啡。 （2）为客人添加 1~2 次咖啡。 （3）客人要求添加第 3 次咖啡时，告知客人需另收费。					
签阅栏		签收人请注意：在此签字时，表示您同意以下两点内容。 1. 本人保证严格按此文件要求执行。 2. 本人有责任在发现问题时，第一时间向本文件审批人提出修改意见。			
相关说明					
编制人员		审核人员		审批人员	
编制日期		审核日期		审批日期	

二、咖啡厅安全操作规程

酒店餐饮部服务标准与服务规范文件		文件编号		版本	
标题	咖啡厅安全操作规程		发放日期		

1. 员工在使用带电的器具时，务必保持双手干燥。

2. 员工发现所使用的带电器具发生故障时，首先应切断电源。

3. 带电器具上的自控按钮不许固定死，以免电线短路时失去控制，引发事故。

4. 咖啡热炉的安全使用。

（1）咖啡热炉在使用时方可插上电源，调至中档。

（2）在对咖啡进行保温时，注意及时添加咖啡，避免烧干。

（3）使用完后，切断热炉的电源，用规定布巾将热炉擦干净，待其冷却后收起。

5. 电动磨咖啡机的安全使用。

（1）使用前安全通电。

（2）将咖啡豆放入后，盖好上盖并仔细检查。

（3）采用间歇式操作，即每 2~3 秒停一次。

（4）尽量不要连续使用。如需连续使用时，应尽量缩短时间，最长可连续使用三次，三次后必须停用，待冷却后继续使用。

（5）使用完后，断电，将咖啡机清洗干净。

签 阅 栏		签收人请注意：在此签字时，表示您同意以下两点内容。 1. 本人保证严格按此文件要求执行。 2. 本人有责任在发现问题时，第一时间向本文件审批人提出修改意见。
相关说明		
编制人员	审核人员	审批人员
编制日期	审核日期	审批日期

三、甜品服务工作规范

酒店餐饮部服务标准与服务规范文件		文件编号		版本	
标题	甜品服务工作规范		发放日期		

1. 推荐甜品

（1）客人需要甜品时，服务员要及时送上甜品单，并向客人介绍各种甜品。

（2）待客人确定后，服务员应在预订单上详细记录客人所需要的甜品名称，并向客人复述以进行确认，请客人稍等。

（续）

（3）将预订单分别交给收银员和厨房。

2. 准备餐具

（1）服务员根据客人所点的甜品，准备好相应的餐具。

（2）将准备的餐具按照"先宾后主、女士优先"的原则，从客人右侧摆放在台面上。

3. 上甜品

（1）服务员从厨房取出甜品，送入咖啡厅。取冰激凌、水果、沙拉、奶酪等食品时，应配备好垫有花纸的面包盘；取杯盛食品时，应配备吸管。

（2）左手托住托盘，用右手从托盘上取出甜食，从客人左侧（按照"先宾后主，女士优先"的原则）将甜品放在客人台面的中间位置，并准确报出甜品的名称。

签阅栏		签收人请注意：在此签字时，表示您同意以下两点内容。 1. 本人保证严格按此文件要求执行。 2. 本人有责任在发现问题时，第一时间向本文件审批人提出修改意见。
相关说明		
编制人员	审核人员	审批人员
编制日期	审核日期	审批日期

四、蛋糕预订服务规范

酒店餐饮部服务标准与服务规范文件		文件编号		版本	
标题	蛋糕预订服务规范	发放日期			

1. 递上蛋糕画册

（1）客人预订蛋糕时，服务员应将蛋糕画册递给客人，稍等片刻后，询问客人所需蛋糕的类型、尺寸、图案等要求。

（2）根据客人的要求，向客人推某几种蛋糕，并介绍各种蛋糕的特点和价格。

2. 记录预订内容

（1）服务员在预订单上记录客人的姓名、房号（住店客人）、联系电话和预订时间。

（2）详细记录客人要求的蛋糕类型、尺寸、图案和字样，以及客人取蛋糕的日期和具体时间。

（3）告知客人蛋糕的价钱，请其在收银处交付订金，并将账单号填写在预订单上。

3. 分送预订单

（1）服务员将预订单的第一联交至收银处。

（2）将预订单的第二联交至西餐厨房制作蛋糕。

(续)

（3）将预订单的第三联留存在咖啡厅。 （4）将预订单的第四联交给客人作为取蛋糕的凭证。		
签 阅 栏		签收人请注意：在此签字时，表示您同意以下两点内容。 1. 本人保证严格按此文件要求执行。 2. 本人有责任在发现问题时，第一时间向本文件审批人提出修改意见。
相关说明		
编制人员	审核人员	审批人员
编制日期	审核日期	审批日期

五、摆台服务工作规范

酒店餐饮部服务标准与服务规范文件	文件编号	版本
标题 　　　摆台服务工作规范	发放日期	

1. 准备用品

（1）服务员用消毒毛巾或酒精棉球清洁双手。

（2）准备好各类餐具（如刀、叉、勺）、台布、餐巾、烟灰缸、鲜花等物品。

（3）检查桌椅是否牢固可靠，有无破损，摆放是否整齐。

2. 铺台布

（1）服务员手持台布立于餐桌一侧，将台布打开，覆盖在桌面上，中股向上，平整无皱褶，台布四周下垂部分相等。

（2）铺好台布后，再次检查台布质量及清洁程度。

3. 摆放餐具

（1）服务员在餐桌的中间位置从左至右一次摆放糖盅、胡椒瓶、盐瓶，三者之间的距离均为2厘米，且糖盅、胡椒瓶、盐瓶在同一直线上。

（2）按顺时针方向依次为客人摆放服务盘，摆放的服务盘距桌边的距离为2厘米，且依次摆放的服务盘间距应相等，服务盘中的图案需对正。

（3）在距服务盘右侧1厘米处垂直摆放餐刀，且餐刀的刀刃应朝左侧，餐刀的底边与桌边的间距为2厘米。

（4）在餐刀的右侧摆放餐勺，且餐勺的底边与桌边的间距为2厘米，餐刀、餐勺的间距为0.5厘米。

（5）在服务盘的左侧垂直摆放餐叉，距离服务盘为1厘米，且餐勺的底边与桌边的间距为2厘米。

（续）

（6）在距离餐叉右侧 2 厘米处摆放面包盘，且面包盘的底边与桌边的间距为 2 厘米；在面包盘的中心处摆放黄油刀，且黄油刀的底边与桌边的间距为 2 厘米，刀刃应朝向左侧。

（7）在餐刀正上方的 2 厘米处摆放杯垫，且杯垫上的店徽应面向客人，冰水杯应放在杯垫上。

4. 摆放烟灰缸、鲜花

（1）服务员在服务盘的正上方摆放烟灰缸，且烟灰缸、胡椒瓶、盐瓶呈倒"品"字形摆放在餐桌上。

（2）在餐桌的正中央处摆放鲜花，鲜花应鲜艳，造型艺术应美观，无枯枝败叶。

5. 检查摆台情况

（1）服务员检查台面上的铺设有无遗漏。

（2）检查台面铺设是否规范，是否符合要求。

签阅栏		签收人请注意：在此签字时，表示您同意以下两点内容。 1. 本人保证严格按此文件要求执行。 2. 本人有责任在发现问题时，第一时间向本文件审批人提出修改意见。	
相关说明			
编制人员	审核人员	审批人员	
编制日期	审核日期	审批日期	

六、咖啡服务工作规范

酒店餐饮部服务标准与服务规范文件		文件编号		版本	
标题	咖啡服务工作规范	发放日期			

1. 用壶装咖啡

（1）预热壶。在壶里填满热水，泡 2~3 分钟后将热水倒掉。

（2）把咖啡从咖啡机里装入壶中。

2. 为客人倒咖啡

（1）服务员手持咖啡壶走到客人桌旁，微笑并礼貌地说："打扰了，先生/女士，我可以为您倒咖啡吗？"

（2）得到客人的允许后，服务员站在客人的右侧，然后将右脚向前迈一步。

（3）将咖啡壶、咖啡杯连同牛奶、糖碗、柠檬盘等一同放在一个防滑托盘上。

（4）把咖啡杯放在客人的右手边，杯子的手柄指向三点钟方向。

（5）服务员在离开时，应微笑着对客人说："请慢慢享用您的咖啡。"

（续）

签阅栏		签收人请注意：在此签字时，表示您同意以下两点内容。 1. 本人保证严格按此文件要求执行。 2. 本人有责任在发现问题时，第一时间向本文件审批人提出修改意见。			
相关说明					
编制人员		审核人员		审批人员	
编制日期		审核日期		审批日期	

第五节　咖啡厅服务常用文书与表单

一、咖啡厅用具采购申请单

编号：　　　　　编制部门：　　　　　编制日期：＿＿年＿＿月＿＿日

序号	品名	规格/型号	数量	单位	供应期限	小计	备注
1	咖啡匙						
2	咖啡杯						
3	垫盘						
4	苏打匙						
5	甜品叉						
6	甜品匙						
7	甜品刀						
8	服务匙						
9	服务叉						
10	冰桶连冰夹						
11	奶盅						
12	糖盅						
13	调汁匙						
14	量酒杯						
15	冰粒夹						
16	雕花刀						
17	花式茶壶						
18	圆形托盘						

（续）

序号	品名	规格/型号	数量	单位	供应期限	小计	备注
19	咖啡热壶						
20	茶叶过滤器						
21	玻璃咖啡壶						
22	手推运输车						
23	手动磨咖啡机						
24	电动磨咖啡机						
25	冰车						
26	榨汁机						
27	保温冰箱						
	合计						

填表人：　　　　　　　　　　　相关负责人签审意见：

二、咖啡厅杂具采购申请单

编号：　　　　　　编制部门：　　　　　　编制日期：＿＿＿年＿＿＿月＿＿＿日

序号	品名	规格/型号	数量	单位	供应期限	小计	备注
1	杯垫连店徽						
2	鸡尾酒签						
3	搅棍						
4	吸管连包装						
5	特色软管						
6	牙签连包装						
7	火柴连设计						
8	背心胶袋连店徽						
9	大餐巾纸连店徽						
10	花纸垫						
11	小餐巾纸连店徽						
12	雪铲						
13	调酒长梗						
14	开瓶器						
15	苏打羹						
16	塑料砧板						
17	雪糕勺						
18	漏斗						

（续）

序号	品名	规格/型号	数量	单位	供应期限	小计	备注
19	果挖						
20	有盖垃圾桶						
21	爱尔兰杯架						
22	爆谷篮						
	合计						

填表人：   相关负责人签审意见：

三、咖啡厅布草采购申请单

编号：   编制部门：   编制日期：＿＿年＿＿月＿＿日

序号	品名	规格/型号	数量	单位	供应期限	小计	备注
1	白色桌布						
2	白色餐巾						
3	红色桌布						
4	红色餐巾						
5	蓝色抹杯布						
6	早安巾						
7	红色台裙						
8	台裙夹						
9	白色客用毛巾						
	合计						

填表人：   相关负责人签审意见：

四、咖啡厅钥匙领用记录表

钥匙编号	领用时间	领用人员	领用原因	送还时间	送还人员
备注					

第六节　咖啡厅服务质量提升问题解决方案

一、雪茄烟服务实施方案

标　　题	雪茄烟服务实施方案		文件编号		版本	
执行部门		监督部门			考证部门	
1. 准备工作 （1）酒水员检查酒水车内的雪茄烟是否充足。 （2）定期向雪茄烟盒内的恒湿器中加水，以保持雪茄的适当温度。 2. 销售雪茄烟 （1）客人要点雪茄烟时，酒水员将酒水车推到客人桌前。 （2）用左手托起雪茄盒走到客人面前，用右手打开雪茄盒，请客人挑选，并介绍各种雪茄烟的品牌和质量。 （3）待客人选好后，将选好的雪茄与其他雪茄分开，然后盖上雪茄盒。 3. 点燃雪茄烟 （1）服务员拿起雪茄，区分头部和尾部，用雪茄剪将尾部封口处剪去一块。 （2）用小火柴点燃蜡烛，然后用蜡烛点燃大火柴。 （3）用左手拿大火柴，右手拿雪茄烟，让雪茄烟离火的外焰约3厘米，不停地转动雪茄，使整支雪茄均匀受热。 （4）雪茄均匀受热后，将雪茄拿至与平面呈45°，让火尖燃烧雪茄脚的上部，并不断转动雪茄。 （5）整个烟脚点燃后，让雪茄划弧度或划圆圈的形式使其充分燃烧，但速度不要太快，以免导致雪茄过热。 （6）点燃后，将雪茄递给客人，烟嘴部需面向客人。						
相关说明						

二、咖啡厅危机处理方案

标 题	咖啡厅危机处理方案		文件编号		版本	
执行部门		监督部门		考证部门		

1. 本方案在于规范咖啡厅各类危机事件的处理，以保证提升客人对酒店的满意度。

2. 本方案主要涉及六类危机场景的紧急处理。

（1）食物或饮料泼洒到客人身上。

（2）上错点心或饮料。

（3）客人投诉等待时间过长。

（4）客人投诉咖啡的口感。

（5）客人认为位置不佳。

（6）账单错误。

3. 针对不同的危机，采取不同的处理办法，具体见下表。

咖啡厅危机处理办法表

危机场景	紧急处理办法
1. 食物或饮料泼洒到客人身上	（1）马上道歉 （2）提供干净的餐巾供客人自己擦拭，并确认受损程度 （3）与客人协商解决方案 （4）通知领班 （5）领班检查客人满意度
2. 上错点心或饮料	（1）马上道歉，查看点单 （2）确认点单与所上物品的不同 （3）通知吧台予以更换，并确认更换所需的时间 （4）通知领班并告诉客人更换所需的时间 （5）更换后再次向客人道歉
3. 客人投诉等待时间过长	（1）马上道歉 （2）确认制作所需的时间并报告领班 （3）告诉客人所需的时间并尽可能地提供一些补偿 （4）送上客人所需的东西后再次向客人道歉

（续）

危机场景	紧急处理办法
4. 客人投诉咖啡的口感	（1）马上道歉 （2）给予更换 （3）通知领班，确认满意度 （4）感谢客人的提醒
5. 客人认为位置不佳	（1）有座位 ①向客人道歉 ②核实有无预订 ③若无预订，马上给客人换台 ④通知迎宾员 （2）座位已满 ①向客人道歉 ②有空位后马上给客人换台 ③换台后，感谢客人的等待
6. 账单错误	（1）马上道歉 （2）核实账单，纠正错误 （3）通知领班 （4）感谢客人的提醒或等待

4. 咖啡厅服务员在处理上述或更严重的危机事件时，应以不影响其他客人的消费为原则。

5. 咖啡厅服务员在遇到客人投诉时，应于第一时间通知领班或更高级别的管理人员。

相关说明	

岗位职责
+
绩效标准

工作程序
+
关键问题

执行技巧
+
解决方案

常用文书
+
工作表单

第六章

酒吧精细化管理

第一节 酒吧岗位描述

一、酒吧岗位设置

酒吧岗位设置	人员编制
餐饮部经理 → 餐饮部副经理	部门经理级 ___人
酒吧经理	经理级 ___人
酒吧领班	领班级 ___人
调酒师　　　服务员	员工级 ___人

二、酒吧经理岗位职责

岗位名称	酒吧经理	所属部门	餐饮部酒吧	编　号	
直属上级	餐饮部副经理	直属下级	酒吧领班	晋升方向	
所处管理位置					

餐饮部副经理
咖啡厅经理　　酒吧经理　　西餐厅经理
酒吧领班

（续）

职责概述	在餐饮部副经理的领导下，负责酒吧的日常运营与管理工作，组织、督导员工为客人提供优质、高效的服务，进而创造收益	
职　责	**职责细分**	**职责类别**
1. 参与制定酒吧经营规划及规范文件	（1）在餐饮部副经理的指导下，制订酒吧的短期经营规划以及促销活动计划	特别工作
	（2）建立健全酒吧的各项管理制度和工作规范	特别工作
	（3）参加餐饮部例会，为酒店和酒吧的运作提出合理化建议	周期性
2. 负责酒吧的日常管理	（1）组织、督导员工完成酒吧的各项经营计划和促销活动	日常性
	（2）负责安排领班的班次，督导领班日常工作	日常性
	（3）巡查酒吧的运营情况，督导并落实各项规章制度和工作规范，发现问题应及时予以解决	日常性
	（4）督导员工做好酒吧所有设施、设备的日常保养工作	日常性
	（5）审核各种物品申领单和酒水申领单，控制成本	日常性
3. 员工管理	（1）督导实施培训，提高员工的自身素质和工作技能	特别工作
	（2）定期对员工进行考核，制定员工的奖惩方案，并提请餐饮部副经理审核后，交行政人事部实施奖惩	特别工作
4. 其他相关工作	（1）及时向餐饮部副经理汇报酒吧的经营情况和突发性事件	周期性
	（2）处理客人投诉，了解客人对酒吧的意见和建议，不断改进对客服务工作	日常性

三、酒吧领班岗位职责

岗位名称	酒吧领班	所属部门	餐饮部酒吧	编　号	
直属上级	酒吧经理	直属下级	酒吧服务员	晋升方向	
所处管理位置					

（续）

职责概述	在酒吧经理的领导下，严格贯彻酒吧的经营计划和各项规章制度，负责所在班组的日常管理，组织服务人员为客人提供优质服务	
职　　责	**职责细分**	**职责类别**
1. 带领员工接待客人并提供服务	（1）组织、带领员工学习、落实酒吧的工作规范和各项规章制度	日常性
	（2）安排员工班次，检查员工的工作流程与规范，确保服务的质量	日常性
	（3）带领酒吧服务员做好客人接待与酒水服务，确保客人对酒水产品及服务的满意度	日常性
	（4）填写每日酒水销售报表，及时向酒吧经理汇报酒吧的日常经营状况与突发事件	日常性
2. 酒吧物资设备管理	（1）负责酒水的核实和酒吧日常运营所需物资的申领与使用管理	日常性
	（2）负责组织员工做好酒吧设施设备的保养、维护工作	日常性
3. 员工管理	（1）协助经理做好员工培训工作，不断提升员工的服务技能	日常性
	（2）负责员工的考勤，并检查员工日常的仪容、仪表	日常性
4. 其他相关工作	（1）做好重要客人的接待工作，恰当地处理客人投诉	特别工作
	（2）组织员工搞好酒吧的环境卫生与餐具卫生	日常性

四、酒吧调酒师岗位职责

岗位名称	酒吧调酒师	所属部门	餐饮部酒吧	编　　号	
直属上级	酒吧领班	直属下级		晋升方向	
所处管理位置					
职责概述	在酒吧领班的领导下，按照调酒师的工作流程和工作规范的要求做好调酒工作，为客人及时提供优质的酒水				

（续）

职　　责	职责细分	职责类别
1. 向客人提供优质的调酒服务	（1）按正确的程序与规范为客人提供酒水服务	日常性
	（2）按正确的配方调制酒水，保证酒水的质量	日常性
	（3）负责不断改进、创新鸡尾酒的配方，不断提高客人对酒水产品的满意度，从而增加酒吧的销售收入	日常性
2. 其他相关工作	（1）负责吧台的酒水申领，并做好已开瓶酒水的保管工作	日常性
	（2）负责填写吧台的每日营业报表，并向领班汇报	日常性
	（3）负责吧台设施及用品的保养、维护工作	日常性
	（4）负责吧台周围环境的卫生清洁工作	日常性

五、酒吧服务员岗位职责

岗位名称	酒吧服务员	所属部门	餐饮部酒吧	编　　号	
直属上级	酒吧领班	直属下级		晋升方向	

所处管理位置	

职责概述	在酒吧领班的领导下，按照酒吧服务员的工作流程和工作规范做好客人接待与酒水服务工作

职　　责	职责细分	职责类别
1. 为客人提供优质的酒水服务	（1）严格按照工作流程及规范向客人提供接待与酒水服务	日常性
	（2）主动向客人介绍酒水的特点及价格等	日常性
	（3）在服务过程中，积极完成高档酒及调酒师推荐酒的销售工作	日常性
	（4）保持酒吧的整体环境整洁，酒具及各类用具无破损	日常性
	（5）收集客人的投诉与意见，解答客人疑问	日常性

（续）

职　责	职责细分	职责类别
2. 其他相关工作	（1）填写物品申领单，保证酒吧的物品齐全，不影响酒吧正常营业	日常性
	（2）负责对酒吧的设施设备进行保养、维护	日常性
	（3）遇到醉酒人员闹事等突发事件时，及时报告领班处理	日常性
	（4）做好废瓶、废罐的回收工作，减少浪费	特别工作

第二节　酒吧岗位绩效考核量表

一、酒吧经理绩效考核量表

序号	考核内容	考核指标及目标值	考核实施	
			考核人	考核结果
1	督导完成酒店各项经营计划	酒吧经营计划完成率达____%		
		酒吧年毛利达 ____元		
2	督导员工按工作规范和规章制度向客人提供服务	客人投诉事件不超过____次/月		
3	督导实施员工培训	员工培训计划完成率达____%		

二、酒吧领班绩效考核量表

序号	考核内容	考核指标及目标值	考核实施	
			考核人	考核结果
1	督导员工按工作规范与标准向客人提供酒水服务	客人的满意度评分平均达____分以上		
2	组织员工做好酒吧设施、设备的保养、维护工作	设施、设备的正常使用率达____%		

173

（续）

序号	考核内容	考核指标及目标值	考核实施	
			考核人	考核结果
3	负责酒水、日用品物资的申领与使用管理	申领手续齐全，各项费用控制在预算范围内		
4	组织员工做好酒吧的卫生清洁工作	酒吧卫生达标率达____%		

三、酒吧调酒师绩效考核量表

序号	考核内容	考核指标及目标值	考核实施	
			考核人	考核结果
1	按正确的配方配置酒水	配置酒水的准确率达____%，客人投诉事件不超过____次/月		
2	不断改进、创新鸡尾酒配方	新品鸡尾酒销售对酒吧销售的贡献率在____%以上		
3	申领、补充吧台的酒水	因吧台酒水缺失而影响酒吧正常营业的概率控制在____%以内		
4	做好吧台卫生清洁工作	吧台卫生达标率达____%		

四、酒吧服务员绩效考核量表

序号	考核内容	考核指标及目标值	考核实施	
			考核人	考核结果
1	熟练地向客人介绍酒水的特点、价格等	酒水销售收入目标达成率为____%，客人投诉事件不超过____次/月		
2	销售高档酒及调酒师推荐的酒	高档酒及调酒师推荐酒的销售达____元		
3	保持酒吧环境卫生	酒吧卫生合格率达____%		
4	及时回收废瓶、废罐	回收的废瓶、废罐价值达____元		

第三节　酒吧工作程序与关键问题

一、点酒服务程序与关键问题

点酒服务工作程序	工作目标
开始 ↓ 给客人递酒水单 ↓ ① 向客人介绍酒水 ↓ ② 按客人要求填写酒水点单 ↓ 复述客人所点酒水 ↓ ③ 将酒水点单交于吧台 ↓ 结束	1. 快速、高效地完成点酒服务 2. 在为客人进行点酒的服务时，完成高档酒及调酒师推荐酒的销售工作 **关键问题点** 1. 向客人介绍酒水的特点，使客人了解酒水的独特处及制作方法。介绍时，要有巧妙的推销意识，及时推销高档酒水和调酒师推荐的酒水 2. 填写酒水点单时，字迹要清楚，并逐项填写，同时注明客人的特殊要求 3. 酒水点单一式三联，第一联交收银台记账，第二联由收银员盖章后交吧台取酒水，第三联由调酒师保存

二、调酒服务程序与关键问题

调酒服务工作程序	工作目标
	按照调酒的工作流程和规范，严格根据配方调出客户人满意的酒水

工作程序：

开始

① 准备调酒

② 调制酒水

滤冰

制作装饰物

③ 装饰酒水

结束

关键问题点

1. 准备调酒时，要检查酒杯是否干净、无损伤，摇酒器是否干净、无残留，装饰材料是否干净、新鲜

2. 调酒过程中应注意以下方面的问题

（1）制作鸡尾酒时，要视情况在摇酒器中放冰块或者刨冰，带汽的饮料不可使用摇酒器

（2）调两杯及以上同类型的酒时，要将酒杯摆成一排，从左到右，再从右到左反复平均地注入，确保饮品的规格

（3）倒烈酒或甜酒时，必须用量酒杯

（4）拌酒时，动作要迅速，以免酒水成分稀释过薄影响酒水的口味

（5）调酒的用具、杯具用过后，应立即清洗、消毒

（6）冷饮用冷冻杯盛，热饮用热杯盛，需要加冰的冷饮，冰要先放在杯内

3. 装饰酒水时，高杯饮料必须配搅拌棒

三、酒吧酒水服务程序与关键问题

酒吧酒水服务工作程序	工作目标
	严格按照酒水的服务程序与规范，提供优质、高效的酒水服务，提升客人满意度

开始

↓

准备服务

↓

点酒水

↓

① 上酒水

↓

② 席间服务

↓

结账

↓

结束

关键问题点

1. 上酒水时需注意以下方面的问题

（1）上酒水时应用托盘，轻拿轻放，从客人右侧放在杯垫上

（2）每上一种酒水都要准确地报出酒名

（3）上瓶装的酒水或饮料时，要为客人斟第一杯，倒至杯量的 4/5，若有女士，应女士优先

（4）拿杯时，手不能触到杯口，应握杯脚或杯的 1/3 处

2. 席间服务时需注意以下方面的问题

（1）仔细观察，看客人是否有其他要求

（2）在征得客人同意的情况下撤去用过的杯碟，保持台面整洁

（3）当客人饮料剩 1/3 时，主动询问客人是否需要添加

（4）当发现客人饮酒过量时，不得擅自为客人提供酒精饮料，应及时报告领班

第四节　酒吧服务标准与服务规范

一、酒吧营业前准备工作标准

酒店餐饮部服务标准与服务规范文件		文件编号		版本	
标题	酒吧营业前准备工作标准	发放日期			

1. 检查酒吧内设施

（1）服务员仔细检查各类电器（如灯光、空调、音响等）、设备（如冰箱、制冰机、咖啡机等）和所有家具（如酒吧台、座椅、墙纸及装修）有无损坏。

（2）如有任何不符合标准要求的地方，应马上填写工程维修单交酒吧经理签字后送工程部，由工程部派人维修。

2. 清洁酒吧

（1）营业前用湿毛巾擦干净吧台并喷上蜡光剂。

（2）不锈钢器具用消毒剂清洗后擦干。

（3）每日给瓶酒、酒柜、陈列柜、冷藏柜等除尘，冷藏柜内部应每三天清洁一次。

（4）每日清洁地面，每两天用吸尘器对地毯吸尘。

（5）每日对酒杯、器具等清洗、消毒，擦干后存放好。

3. 领取酒水、饮料和器具

（1）填写每天酒吧所需的酒水、饮料、器具、装饰物等领料单，交酒吧经理签字。

（2）拿着酒吧经理签过字的领料单到仓库领料并核对数量。

4. 存放酒水、饮料和器具

（1）领回的酒水、牛奶、果汁等应尽快放入冷藏柜。

（2）瓶装酒应根据种类、等级摆放在陈列柜上，酒标朝外。

（3）将领回的酒杯、器具等清洗、消毒，擦干后收好。

5. 检查和补足各种用品

（1）服务员检查酒吧内的各种用品（如各类酒水、酒杯、餐巾、毛巾）是否达到标准库存量，如有不足，应立即填写领料单去酒水库或仓库领取。

（2）补足操作台的原料用酒、冷藏柜中的啤酒和白葡萄酒、贮藏柜中的各种不需冷藏的酒类。

（3）更换餐巾和毛巾（毛巾是用来清洁抹台的，要湿用；餐巾主要用于擦杯，要干用）。

（4）检查所需使用的单据表格是否齐全够用，特别是酒水供应单与调拨单。

（续）

6. 摆放酒水和酒杯

（1）调酒师将酒水分类摆放，如将开胃酒、烈酒、餐后甜酒分开摆放；价钱贵的与便宜的分开摆。瓶与瓶之间要有间隙，可放进合适的酒杯以增加气氛。

（2）将经常用的散卖酒与陈列酒分开摆放。散卖酒要放在操作台前伸手可及的位置，不常用的酒可放在酒架的高处。

（3）酒杯可分悬挂与摆放两种，悬挂的酒杯主要是为装饰，一般不使用。

（4）摆放在操作台位置的酒杯要方便操作，加冰块的酒杯（柯林杯、平底杯）放在靠近冰桶的地方，不加冰块的酒杯放在其他空位，啤酒杯、鸡尾酒杯可放在冷藏柜冷冻。

7. 摆放调酒用品

（1）调酒师用桶从制冰机中取出冰块放进操作台上的冰块池中，若没有冰块池，可用保温冰桶装满冰块盖上盖子放在操作台上。

（2）将唸汁、辣椒油、胡椒粉、盐、糖、豆蔻粉等各种配料放在操作台前面，以备调制时取用。鲜牛奶、淡奶、菠萝汁、番茄汁等，打开罐装倒入玻璃容器中，存放在冰箱里。橙汁、柠檬汁要先稀释后再倒入瓶中备用（存放在冰箱中），其他调酒用的汽水也要放在伸手可及的位置。

（3）将橙角预先切好与樱桃串在一起排放在碟子里用保鲜纸封好备用。从瓶中取出少量咸橄榄放在杯中备用，红樱桃取出用清水冲洗后放入杯中（因樱桃是用糖水浸泡，表面太黏）备用。柠檬片、柠檬角也要切好排放在碟子里用保鲜纸封好备用。以上几种装饰物都应放在操作台上。

（4）将调酒工具用餐巾垫底摆放在操作台上，量杯、酒吧匙、冰夹要浸泡在干净的水中。杯垫、吸管、调酒棒和鸡尾酒签也要放在操作台前（吸管、调酒棒和鸡尾酒签可用杯子盛放）。

8. 营业前检查

（1）调酒师检查酒水是否种类齐全、数量充足。

（2）检查调酒用具是否齐全、卫生。

（3）检查装饰物是否新鲜、卫生。

（4）检查其他服务用具是够齐全、干净、无破损。

签阅栏		签收人请注意：在此签字时，表示您同意以下两点内容。 1. 本人保证严格按此文件要求执行。 2. 本人有责任在发现问题时，第一时间向本文件审批人提出修改意见。	
相关说明			
编制人员		审核人员		审批人员	
编制日期		审核日期		审批日期	

二、调酒师调酒服务工作标准

酒店餐饮部服务标准与服务规范文件		文件编号		版本	
标题	调酒师调酒服务工作标准	发放日期			

1. 调酒前的准备工作

（1）将调酒的酒杯和用具摆放在操作台上，其中量杯、吧匙、冰夹要浸泡在净水中，酒杯放入冷藏柜内冷藏。

（2）用冰桶从制冰机中取出冰块放在操作台上的冰池中。

（3）准备好调酒用的各种配料和水果装饰物。

2. 调酒服务

（1）调酒师在接到点单后应立即开始调酒。

（2）调酒师在调酒时始终应该面对客人，即时取酒时也应该侧身去取。

（3）调酒师要严格按照调酒流程和客人的特殊要求去调制。

（4）拌酒时动作要迅速，以免酒水成分稀释过薄而影响口味。

（5）斟调制好的酒水时，吧台前的客人斟满一杯，其余客人斟满杯量的4/5即可；斟两杯及以上同类型的酒时，要将酒杯摆成一排，从左到右，再从右到左反复斟酒，以确保每一杯酒的浓度一致。

（6）及时清洗、消毒用过的调酒工具和酒杯，保持吧台清洁、卫生。

（7）控制好调酒时间，以免让客人久等。

签阅栏		签收人请注意：在此签字时，表示您同意以下两点内容。 1. 本人保证严格按此文件要求执行。 2. 本人有责任在发现问题时，第一时间向本文件审批人提出修改意见。
相关说明		
编制人员	审核人员	审批人员
编制日期	审核日期	审批日期

三、服务员开瓶服务工作标准

酒店餐饮部服务标准与服务规范文件		文件编号		版本	
标题	服务员开瓶服务工作标准	发放日期			

1. 准备工作

（1）服务员准备好开瓶工具，如酒启子、开瓶器。

（2）服务员应在客人验完酒后，询问客人是否可以开瓶。

2. 开启酒水

（1）开启罐装酒水。

（续）

① 服务员首先用餐巾将酒罐的表面擦干净，左手固定酒水罐，用右手拉酒水罐上面的钥匙扣，打开其封口。

② 在开启前要避免摇晃，开启易拉罐时，应将开口方朝外，不要对着任何人，并要以手遮握，以示礼貌。

（2）开启瓶装啤酒和饮料。

① 服务员首先将酒水瓶擦干净，将酒水瓶放在桌子上，左手固定住酒水瓶，右手持开瓶器，轻轻地将瓶盖打开。

② 开瓶后，不要直接将瓶盖放在餐桌或吧台上，可放在一个小盘中，待开瓶后，撤走小盘。

（3）开启葡萄酒。

① 服务员用小刀将酒瓶口的封口上部割掉，用干净的餐巾把瓶口擦干净。

② 用开瓶器从木塞的中间钻入，转动酒钻上面的把手，随着酒钻深入木塞，酒钻两边的杠杆会向上抬起，待酒钻刚刚钻透木塞时，两手各持一个杠杆同时往下压，木塞便会慢慢地从瓶中升出来。

③ 将葡萄酒的木塞递给主人，请主人通过嗅觉鉴定该酒（该程序适用于高级别的葡萄酒），再用餐巾把刚开启的瓶口擦干净。

（4）开启香槟酒。

① 服务员左手持瓶，右手撕掉瓶口上的锡纸，左手食指牢牢地按住瓶塞，右手除掉瓶盖上的铁丝和铁盖。

② 将瓶口倾斜约45°，用右手持干净布巾紧紧包住瓶口。此时，由于酒瓶倾斜，瓶中会产生压力，酒瓶的木塞开始向上移动，右手轻轻地将木塞拔出。

③ 开启时，注意瓶口不要朝向客人，以防木塞冲出。开启后用干净的布巾将瓶口擦干净。

（5）开启烈性酒。

① 开启用塑料盖封瓶的烈性酒时，服务员先用火柴将塑料膜烧熔取下，然后旋转开盖即可。

② 开启用金属盖封瓶的烈性酒时，因瓶盖下部常有一圈断点，应用力拧盖，使断点断裂，便可开盖。如遇断点太坚固、难于拧裂时，可先用小刀将断点划裂，然后再旋转开盖。

3. 递交客人饮用

（1）服务员按照各种酒水的服务规范请客人检验后再为客人提供斟酒服务。

（2）将酒水递交给客人饮用。

签阅栏		签收人请注意：在此签字时，表示您同意以下两点内容。 1. 本人保证严格按此文件要求执行。 2. 本人有责任在发现问题时，第一时间向本文件审批人提出修改意见。	
相关说明			
编制人员		审核人员		审批人员	
编制日期		审核日期		审批日期	

四、酒吧营业结束后工作标准

酒店餐饮部服务标准与服务规范文件		文件编号		版本	
标题	酒吧营业结束后工作标准	发放日期			

1. 对酒吧酒水进行盘存并记录，使账单上的数量与实物数量相符。

2. 将剩瓶按原酒等级分门别类地收好，调酒师签字确认。

3. 清洁工作。

（1）收台。将桌面上的所有用具撤走，保持桌椅干净。

（2）对用过的酒具、服务用具清洗、消毒，擦干后存入冷藏柜。

（3）将所有用过的新鲜的装饰物放入冷藏柜，以保持其新鲜度。

（4）清洁酒吧整体卫生。

4. 填写交接班记录。

5. 切断除冷藏柜外的所有电源。

6. 再次检查，确认安全后锁门。

签阅栏		签收人请注意：在此签字时，表示您同意以下两点内容。 1. 本人保证严格按此文件要求执行。 2. 本人有责任在发现问题时，第一时间向本文件审批人提出修改意见。	
相关说明			
编制人员		审核人员		审批人员	
编制日期		审核日期		审批日期	

五、酒吧日常检查工作标准

酒店餐饮部服务标准与服务规范文件		文件编号		版本	
标题	酒吧日常检查工作标准	发放日期			

1. 酒吧营业前检查。

（1）酒水种类齐全，数量充足。

（2）酒具、服务用具等干净、整洁，无破损。

2. 检查酒吧卫生是否合乎标准。

3. 检查服务员的仪容、仪表及出勤是否达标。

（续）

		签收人请注意：在此签字时，表示您同意以下两点内容。
签 阅 栏		1. 本人保证严格按此文件要求执行。
		2. 本人有责任在发现问题时，第一时间向本文件审批人提出修改意见。
相关说明		

4. 检查酒吧运营情况。

（1）员工是否按照服务流程与标准对客服务。

（2）能否正确处理客人的投诉。

5. 检查酒吧的盘存。

（1）账单上的记录与实际中的数目是否相符。

（2）账单上的记录是否清晰、无涂改。

6. 检查废瓶的回收情况。

7. 检查交接班是否有记录及记录是否清楚。

8. 检查酒吧营业结束后卫生是否合格，是否存在安全隐患。

编制人员		审核人员		审批人员	
编制日期		审核日期		审批日期	

第五节　酒吧服务常用文书与表单

一、酒水点单

编号：　　　　　　台号：　　　　　　日期：___年___月___日

酒水名称	单价	数量	金额	客人要求
金额总计				

服务员	收银员盖章	调酒师

二、酒水提取单

编号：_____   日期：____年____月____日

编号	酒水名称	数量	单价	总价	备注
经理签字		提取人签字		发货人签字	

三、瓶酒销售日报表

编号：_____   日期：____年____月____日

代号	酒名	单价	数量			金额
			上日结存	本日领进	销售数量	
经理签字			填写人签字		调酒师签字	

四、鸡尾酒销售日报表

编号：_____   日期：____年____月____日

代号	鸡尾酒名	杯数	单价	合计	备注
经理签字		填写人签字		调酒师签字	

第六节 酒吧服务质量提升问题解决方案

一、酒水推销实施方案

标　　题	酒水推销实施方案		文件编号		版本	
执行部门		监督部门			考证部门	

一、目的

为了有效地增加酒吧的营业收入，提高酒水的推销水平，向客人展示本酒吧的特色和风貌，指导酒吧服务人员更好地开展酒水的推销工作，特制定本方案。

二、酒水推销原则

在进行酒水推销时，要遵循下表中的三个原则。

酒水推销的三个原则

原则	原则描述
以客人为中心	一切推销活动都必须以客人的消费需求为出发点，充分尊重客人的人格、身份、喜好和习俗
灵活性	客人在酒吧的消费具有随意性的特点，追求情感的宣泄。因此，酒吧的酒水推销也要有灵活性
安全性	安全性体现在酒水的质量要满足要求，对客人隐私要予以尊重，不对客人造成打扰，在此基础上，才有可能提高酒水推销的收益

三、酒水推销的基本方法

（一）因人而异的推销方法

1. 对于爱摆阔、虚荣心强的客人，要满足其消费心理，可以向其推销高档名贵的酒水。

2. 对于以消遣娱乐为目的的客人，可向其推销大众酒水。

3. 遇到团体聚会，可以向客人推销瓶装酒水。

（二）名品推销

通常在推销时，可以从价格高的名牌酒水开始推销。可以向客人推荐说："本酒吧最近进口了一批名贵的葡萄酒，您要不要尝尝？"这对那些有一定身份或虚荣心强的客人会有一定效果。

（三）特色推销

推销酒吧的特色饮品或创新饮品是酒吧推销的常用方法。推销时可以"由著名的调酒师调制""代表了一种独特的含义""在某某比赛中获过奖"等为由向客人推介。

（续）

四、不同类型酒水的推销方法

（一）白兰地的推销方法

1. 根据产地推销。推销世界著名产地的白兰地产品。

2. 根据品牌推销。大多数客人对于白兰地的品牌比较熟悉，对于比较熟悉白兰地品牌的客人，可以向其推荐比较好的白兰地。

（二）鸡尾酒的推销方法

1. 根据色彩推销。不同色彩的鸡尾酒代表了不同的含义，服务员可根据不同的含义向客人推销。

2. 根据口味推销。不同的鸡尾酒具有不同的口味，服务员要根据客人的口味偏好向其推荐能够接受的口味。

3. 根据造型推销。不同的鸡尾酒造型代表着不同的含义，服务员可通过对造型的解释向客人推销。

4. 根据品牌的知名度推销。知名度越高，推销成功的几率越大。

（三）葡萄酒的推销方法

可根据葡萄酒的颜色、饮用温度、用杯和容量不同、与菜肴的搭配不同等进行推销。在具体推销时，可采用以下方法。

1. 推销酿制年份长的葡萄酒。

2. 推销世界著名葡萄酒产地的葡萄酒产品。

3. 推销在当地认可度比较高的葡萄酒品牌。

（四）香槟酒的推销方法

香槟酒多用来表示庆祝，因此，在推销香槟酒时，要注意分析客人的情况，向那些适合的客人群体进行推销。推销成功后，要在香槟酒开启和斟酒的过程中配合客人的要求。

（五）啤酒的推销方法

1. 推销名品啤酒。名品啤酒代表了地位和质量，容易被客人所接受。

2. 推销鲜啤酒。鲜啤酒一般为地方性啤酒，同瓶装啤酒比较，具有成本低、利润高等特点。

（六）威士忌的推销方法

1. 推销名品威士忌。推销世界著名产地的威士忌，这些产地包括苏格兰、爱尔兰、美国和加拿大等。

2. 按饮用习惯推销。威士忌一般应用 1.5 盎司的酒加冰和水（矿泉水、苏打水）后饮用，服务员可以向喜欢这种饮用方式的客人推销。

五、具体服务的推销方法

1. 推销酒水时，通常先推销高价位的酒水，后推销中低价位的酒水。向男士可推销洋酒、啤酒，对女士可推销葡萄酒、鸡尾酒和其他饮品等。

（续）

2. 推销产品时，服务员应采用"是……，还是……"的推销方式，不要用"要……，不要……"的推销方式。 3. 客人点完酒后，可询问客人是否需要一些小食品。 4. 发现酒水已喝完或剩余不多时，应主动询问客人是否需要其他的酒水或饮料。	
相关说明	

二、客人醉酒处理方案

标　题	客人醉酒处理方案		文件编号		版本	
执行部门		监督部门		考证部门		
1. 单身客人醉酒 （1）发现单身客人醉酒时，应及时通知领班。 （2）把客人劝回自己房间或者将其礼貌送走。 （3）在上述措施无效的情况下，应通知保安人员处理。 2. 非单身客人醉酒 （1）发现客人醉酒时，应及时通知领班。 （2）劝客人的朋友将其带走。 （3）在上述措施无效的情况下，应通知保安人员处理。						
相关说明						

岗位职责
+
绩效标准

工作程序
+
关键问题

执行技巧
+
解决方案

常用文书
+
工作表单

第七章

中餐厨房精细化管理

第一节 中餐厨房岗位描述

一、中餐厨房岗位设置

（一）大型酒店中餐厨房岗位设置

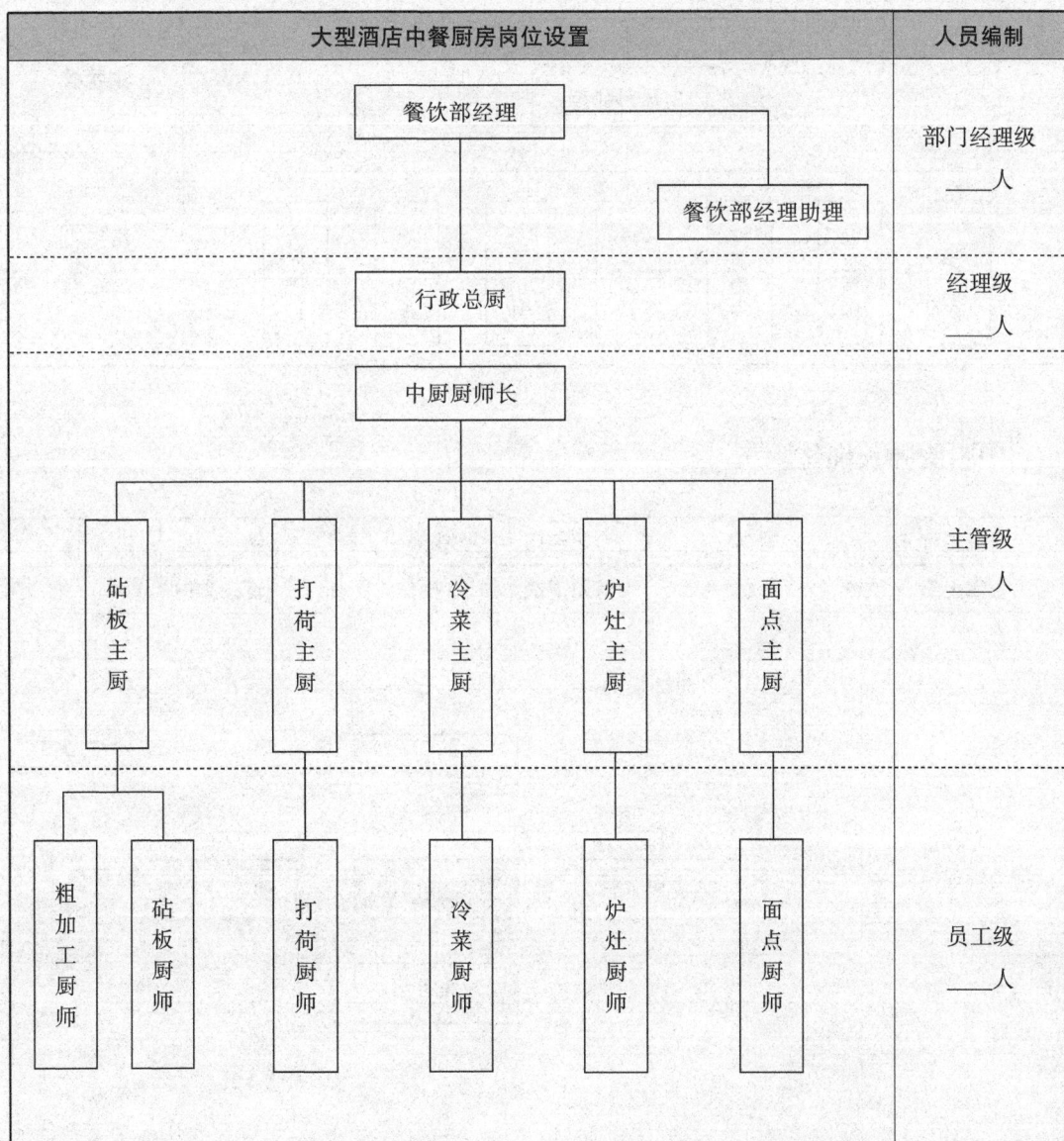

大型酒店中餐厨房岗位设置	人员编制
餐饮部经理 → 餐饮部经理助理	部门经理级 ___人
行政总厨	经理级 ___人
中厨厨师长 → 砧板主厨 / 打荷主厨 / 冷菜主厨 / 炉灶主厨 / 面点主厨	主管级 ___人
粗加工厨师 / 砧板厨师 / 打荷厨师 / 冷菜厨师 / 炉灶厨师 / 面点厨师	员工级 ___人

191

（二）中小型酒店中餐厨房岗位设置

中小型酒店中餐厨房岗位设置	人员编制

中小型酒店中餐厨房岗位设置：

- 餐饮部经理
- 餐饮部副经理 —— 部门经理级 ＿＿＿人
- 行政总厨 —— 经理级 ＿＿＿人
- 中厨厨师长 —— 主管级 ＿＿＿人
- 粗加工厨师、砧板厨师、打荷厨师、冷菜厨师、烧腊厨师、面点厨师、大厅领班 —— 员工级 ＿＿＿人

二、中厨厨师长岗位职责

岗位名称	中厨厨师长	所属部门	餐饮部中餐厨房	编　　号	
直属上级	行政总厨	直属下级	各操作点厨师	晋升方向	
所处管理位置					

所处管理位置：

- 行政总厨
  - 西厨厨师长
  - 中厨厨师长
    - 各操作点厨师
  - 管事处经理

（续）

职责概述	在行政总厨的领导下，负责中厨房的日常管理工作，督导砧板、打荷、冷菜、面点等操作点的厨师按工作规范开展菜品生产工作，不断提高菜品的质量和客人对菜品的满意度	
职 责	职责细分	职责类别
1. 中厨房日常运营管理	（1）在行政总厨的指导下制定菜单，并不断推出新菜和特色菜	周期性
	（2）根据酒店及中餐厅的经营情况制订中餐厨房的采购计划，向采购部门提供采购单	日常性
	（3）准时参加行政总厨召开的例会，在掌握酒店客房出租率、客人订餐等信息的前提下制订中厨房生产计划，并组织开展生产工作	日常性
2. 中厨房菜品生产管理	（1）负责安排中餐厨房的菜品生产，并监督、检查出品的质量	日常性
	（2）督导砧板、粗加工、打荷、冷菜、炉灶、面点等操作点的厨师按照工作规范开展菜品加工与生产工作	日常性
	（3）督导宴会、冷餐会、酒会等大型餐会的厨房准备和出菜工作	日常性
	（4）巡查厨房各操作点，监督厨师的投料和技术操作，满足客人对菜品的要求	日常性
3. 中餐厨房成本控制	（1）督导各操作点厨师正确使用厨房的设施、设备	日常性
	（2）审核砧板、打荷、炉灶等各操作点向粗加工操作点递交的领料单	日常性
	（3）巡视厨房，监督厨师的用料量，严格控制中厨房的成本费用	日常性
4. 环境卫生与食品安全	（1）督导中厨房环境卫生的清洁工作，保证厨房各操作间卫生符合国家卫生标准及酒店的卫生管理规范	日常性
	（2）巡视、检查原料质量，严把菜品原料的质量关，保证食品的安全	日常性
5. 员工管理	（1）负责制订中厨房各操作点厨师的业务培训计划，不断提高厨师的业务技能	周期性
	（2）组织开展各操作点厨师的业务培训工作，并做好新员工的入职辅导与带教工作	日常性
	（3）对中厨房各操作点厨师的工作进行考评，制定奖惩办法，并提请行政总厨审批后，呈交人事行政部实施奖惩	周期性

三、粗加工厨师岗位职责

岗位名称	粗加工厨师	所属部门	餐饮部中餐厨房	编　号	
直属上级	中厨厨师长	直属下级		晋升方向	

所处管理位置	中厨厨师长 粗加工厨师　砧板厨师　打荷厨师　冷菜厨师　炉灶厨师　烧腊厨师　面点厨师

职责概述	根据中厨厨师长的工作安排，负责按规范对原料进行初加工，保证其他操作点厨师工作的顺利开展

职　责	职责细分	职责类别
1. 领取原料并进行初加工	（1）根据每日客情，按提货单领取原料，并向厨师长报告贵重原料的领取数量	日常性
	（2）负责蔬菜的清洗加工，根据烹饪要求将蔬菜去老叶、去皮、去根等	日常性
	（3）负责禽类、海鲜、河鲜等原料的宰杀、清洗和初加工工作	日常性
	（4）负责肉类食品的解冻以及海参等干货的涨发与初加工工作	日常性
2. 保管及传送原料	（1）负责妥善保管每日剩余的原料，对于有保鲜、冷冻要求的原料要及时送冷库保存	日常性
	（2）及时将经过初加工的原料送至相应的操作点	日常性
3. 清洁卫生及其他工作	（1）负责将用过的刀、墩、案等工具洗净收好，并清洁负责区域的卫生	日常性
	（2）完成中厨厨师长临时交办的其他工作	日常性

四、砧板厨师岗位职责

岗位名称	砧板厨师	所属部门	餐饮部中餐厨房	编　号	
直属上级	中厨厨师长	直属下级		晋升方向	

所处管理位置

```
              中厨厨师长
   ┌──────┬──────┬──────┬──────┬──────┬──────┐
 粗加工  砧板   打荷   冷菜   炉灶   烧腊   面点
 厨师    厨师   厨师   厨师   厨师   厨师   厨师
```

职责概述	根据中厨厨师长的工作安排，按照相关规范对原料进行刀工处理，并根据需要做好酱制工作

职　责	职责细分	职责类别
1. 配置大型餐会、零点等菜品的半成品	（1）根据酒会、宴会等大型餐会的菜单，提前将原料加工配置好	日常性
	（2）根据零点菜单的先后顺序，按"先到单先配置"的原则配置原料	日常性
	（3）对肉类、禽类、水产品等原料进行烹饪前的切片、切丝、改刀花等刀工处理，并分类存放于冷柜中	日常性
	（4）负责酱制已经刀工处理过的肉类、禽类、水产品等原料	日常性
2. 其他相关工作	（1）配置菜品的某种原料用尽且无库存时，应及时通知传菜员	日常性
	（2）开餐结束后，妥善保存肉类、禽类、水产品等原料	日常性
	（3）清洁所用刀具和所负责区域内的卫生	日常性

五、打荷厨师岗位职责

岗位名称	打荷厨师	所属部门	餐饮部中餐厨房	编　号	
直属上级	中厨厨师长	直属下级		晋升方向	

所处管理位置

```
              中厨厨师长
   ┌──────┬──────┬──────┬──────┬──────┬──────┐
 粗加工  砧板   打荷   冷菜   炉灶   烧腊   面点
 厨师    厨师   厨师   厨师   厨师   厨师   厨师
```

职责概述	在中厨厨师长的领导下，积极完成烹饪调料与工具补充、需烹饪菜品的分派、菜品装饰、出菜划单等打荷工作，并根据餐厅客人用餐情况，协调出菜速度与先后次序	
职 责	**职责细分**	**职责类别**
1. 打荷准备	（1）清洁胡味盅、汤壶、油壶等工具，备足调味料、酱料、油料及其他用具，并随时进行补充	日常性
	（2）提前做好菜品装饰准备工作，备好围边、伴边、装饰花草及各种盆、盘器皿	日常性
2. 为炉灶厨师分派需烹饪的菜品	（1）根据各位炉灶厨师的特长，合理安排各类菜品的烹饪，以确保口味的纯正、统一	日常性
	（2）根据菜谱内容跟酱、跟料，将某些必须提前或可预先制作的菜品交给炉灶厨师制作	日常性
	（3）根据菜品的特点，进行上粉、上浆及串包、卷、酿、拍等工作	日常性
3. 装饰菜品并出菜	（1）按围边点缀、造型图案要求为各种菜品围边、点缀，整理并出菜，保证菜品及器皿的整洁和造型符合要求	日常性
	（2）根据菜品的特定风味及特点，派配相应的酱料和相应的器皿	日常性
	（3）对所出的菜品根据菜单进行划单，避免重复出菜或上错菜	日常性
4. 打荷台及周围环境的卫生清洁	（1）按卫生要求和各项卫生制度，做好本岗使用的冰柜、打荷台上所有用具器皿、调料柜、台面及周围环境的卫生清洁工作	日常性
	（2）营业结束后，负责对日常使用的抹布集中用洗涤剂统一清洗干净，以保证营业期间的抹布使用	日常性
	（3）负责厨房内各种设备及用具的日常保管与维护保养工作	日常性

六、冷菜厨师岗位职责

岗位名称	冷菜厨师	所属部门	餐饮部中餐厨房	编 号	
直属上级	中厨厨师长	直属下级		晋升方向	

所处管理位置	中厨厨师长 下设：粗加工厨师、砧板厨师、打荷厨师、冷菜厨师、炉灶厨师、烧腊厨师、面点厨师

职责概述	根据中厨厨师长的指令和工作程序完成冷菜制作工作，并负责所在区域的清洁卫生及设备保养事宜

职 责	职责细分	职责类别
1. 冷菜制作	（1）负责冷菜制作所需的原料、水果、青菜、调料的提前领取工作	日常性
	（2）负责宴会、零点和自助餐的各类冷菜、水果盘的加工、烹制及装盘工作，对出品的质量负责	日常性
	（3）在厨师长的指导下，不断推出冷菜新品，适时建议调换冷菜的供应品种，并合理地搭配宴会的冷菜品种	日常性
	（4）严格按标准投料制作冷菜，准确控制冷菜的制作成本	日常性
2. 冷菜菜品保管	（1）定期检查、整理冰箱、冷库，分开存放生熟食品	日常性
	（2）每天检查冰箱内的食品质量，做到当天制作当天出售，严格控制成品剩余量	日常性
3. 清洁卫生及设备保养	（1）每天对本岗位用到的菜墩、刀具及周围环境进行消毒	日常性
	（2）检查本冷菜间所用的设备，如冷藏柜、电冰箱等运行是否正常，发现问题应及时报告厨师长，以便安排维修	日常性

七、炉灶厨师岗位职责

岗位名称	炉灶厨师	所属部门	餐饮部中餐厨房	编　　号	
直属上级	中厨厨师长	直属下级		晋升方向	

所处管理位置	中厨厨师长 → 粗加工厨师 / 砧板厨师 / 打荷厨师 / 冷菜厨师 / 炉灶厨师 / 烧腊厨师 / 面点厨师
职责概述	根据中厨厨师长的指令和工作程序，负责在炒灶、蒸灶、汤锅、油锅等操作点加工烹制菜品工作

职　　责	职责细分	职责类别
1. 菜品的加工烹制	(1) 负责调制所有熟菜品的调味料，确保口味统一，督促打荷厨师备齐各类用具	日常性
	(2) 负责经过加工处理的原料焯水、过油等初步熟处理	日常性
	(3) 认真执行操作规程，按规格烹调菜品，做到投料准确适时，勾芡上料适度，以保证菜品的色、香、味、形	日常性
	(4) 检查炉灶烹制出品的质量，检查盘饰效果，妥善处理和纠正质量方面的问题	日常性
2. 清洁卫生及炉灶设备清洁保养	(1) 负责所有炉灶等设备的清洁保养，发现问题及时报请维修	日常性
	(2) 做好个人工作岗位及所负责区域的卫生清洁工作，并做好菜品的清洁工作	日常性

八、烧腊厨师岗位职责

岗位名称	烧腊厨师	所属部门	餐饮部中餐厨房	编 号	
直属上级	中厨厨师长	直属下级		晋升方向	

所处管理位置	中厨厨师长 粗加工厨师　砧板厨师　打荷厨师　冷菜厨师　炉灶厨师　**烧腊厨师**　面点厨师

职责概述	在中厨厨师长的领导下,负责按照烧腊生产规范烧、烤、卤、浸各种肉类,为客人提供质量上乘的肉类熟食	
职 责	**职责细分**	**职责类别**
1. 制作肉类熟食	(1) 根据每日客情,领取原料、半成品并检查其质量	日常性
	(2) 按照菜品生产工艺,通过烧、烤、卤、浸等手段,制作肉类熟食	日常性
	(3) 及时为零点、大型餐会等提供数量充足的肉类熟食	日常性
2. 肉类品的保管	(1) 妥善储存好肉类品剩余的余料、调味汁等	日常性
	(2) 定期检查储存地的设备,保证肉类品的质量未过保质期限	日常性
3. 保养设备及清洁卫生工作	(1) 保养、维护制作肉类熟食所需的设施、设备	日常性
	(2) 清洗、消毒制作肉类熟食所需的厨具、用具	日常性
	(3) 负责指定区域的卫生清洁	日常性

九、面点厨师岗位职责

岗位名称	面点厨师	所属部门	餐饮部中餐厨房	编 号	
直属上级	中厨厨师长	直属下级	面点工	晋升方向	

所处管理位置	中厨厨师长 粗加工厨师　砧板厨师　打荷厨师　冷菜厨师　炉灶厨师　烧腊厨师　**面点厨师** 面点工

（续）

职责概述	在中厨厨师长的领导下，负责按照面点生产规范制作质量上乘、客人满意的中式面点	
职　　责	**职责细分**	**职责类别**
1. 领取面点原料并加工	（1）根据每日客情填写领料单领取原料，并检查面点原料的质量	日常性
	（2）负责按要求和面并发酵	日常性
	（3）负责准备菜单所需的各种馅料、配料及调味品	日常性
2. 制作面点并保存	（1）严格按照面点生产工艺制作早餐、零点及大型餐会所需的各式面点	日常性
	（2）为早餐、零点、大型餐会等提供数量充足的面点并确保质量	日常性
	（3）妥善保存面点剩余原料、半成品、成品	日常性
3. 设备保养及卫生清洁工作	（1）负责维护、保养制作面点所需的设施、设备	日常性
	（2）负责清洗、消毒制作面点所需的工具、用具	日常性
	（3）负责指定区域内的卫生清洁工作	日常性

第二节　中餐厨房岗位绩效考核量表

一、中厨厨师长绩效考核量表

序号	考核内容	考核指标及目标值	考核实施	
			考核人	考核结果
1	监督各式菜品的生产质量	各式菜品质量合格率达____%		
		客人的满意度评分平均达____分		
2	推出新菜品和特色菜	新菜品、特色菜的出新率达____%		
3	督导厨师正确操作并维护保养相应的设备	厨房设备故障率控制在____%以内		
4	督导食物原料的质量，保证食品安全	食品质量事件发生率不超过____%		
		食品安全事件发生率为0%		
5	督导厨师的培训工作	厨师培训计划按时完成率达____%		

二、粗加工厨师绩效考核量表

序号	考核内容	考核指标及目标值	考核实施	
			考核人	考核结果
1	初步加工蔬菜、海鲜、肉类等原料	原料初加工合格率达____%		
2	保管并及时送存剩余原料	剩余原料及时送存率达100%		
		因未及时送存导致原料变质的几率控制在____%以内		
3	清洗刀、案、墩等工具，并负责卫生清洁工作	工具清洗卫生达标率达____%		
		所负责区域的卫生达标率达____%		

三、砧板厨师绩效考核量表

序号	考核内容	考核指标及目标值	考核实施	
			考核人	考核结果
1	刀工处理烹饪前的肉类、禽类、水产品	刀工处理合格率达____%以上		
2	妥善保管肉类、禽类、水产品等原料	原料保存变质率控制在____%以内		
3	负责刀具、冰柜、操作间的清洁卫生工作	刀具清洗卫生达标率达____%		
		冰柜、操作间的卫生达标率达____%		

四、打荷厨师绩效考核量表

序号	考核内容	考核指标及目标值	考核实施	
			考核人	考核结果
1	提前做好菜品烹饪、装饰的准备工作	准备工作充分，各种物品及用具齐备率达____%以上		
2	对所出菜品按规范和要求进行点缀、围边	菜品点缀、围边工作合格率达____%		

（续）

序号	考核内容	考核指标及目标值	考核实施	
			考核人	考核结果
3	有条理地做好所出菜品的出菜划单工作	出菜划单工作出错率控制在____%以内		
4	负责做好打荷台及周围环境的卫生清洁工作	打荷台及周期环境的卫生达标率达____%以上		

五、冷菜厨师绩效考核量表

序号	考核内容	考核指标及目标值	考核实施	
			考核人	考核结果
1	提前做好冷菜原料的领取工作	原料领取延误率控制在____%以内		
2	按规格加工制作冷菜、水果盘	出品的色、香、味、形等合格率达____%		
3	负责做好冷菜刀具及操作间的卫生清洁工作	冷菜刀具及操作间的卫生达标率达____%以上		

六、炉灶厨师绩效考核量表

序号	考核内容	考核指标及目标值	考核实施	
			考核人	考核结果
1	认真执行操作规程，按规格烹调菜品	菜品色、香、味、形合格率达____%		
		菜品成本合理节约率达____%		
2	做好炉灶等设备的清洁、保养工作	炉灶等设备的完好率达____%		
3	做好个人卫生及所负责区域的卫生清洁工作	各项卫生达标率达____%以上		

七、烧腊厨师绩效考核量表

序号	考核内容	考核指标及目标值	考核实施	
			考 核 人	考核结果
1	按菜品的生产工艺制作肉类熟食	制作的肉类熟食的合格率达____%		
2	提供充足数量的肉类熟食并确保其质量	客人对肉类熟食的满意度评分平均达____分		
		肉类熟食的供应充足率达____%		
3	保养、维护制作肉类熟食所需的设施、设备	制作肉类熟食所需的设施、设备的正常使用率达____%		
4	清洁指定区域的卫生	指定区域的卫生合格率达____%		

八、面点厨师绩效考核量表

序号	考核内容	考核指标及目标值	考核实施	
			考 核 人	考核结果
1	按面点生产工艺制作早餐、零点等所需面点	制作的中式面点合格率达____%		
2	提供足量的中式面点并确保其质量	客人对中式面点的满意度评分平均达____分		
		中式面点的供应充足率达____%		
3	保养、维护制作面点所需的设施、设备	制作面点所需的设施、设备的正常使用率达____%		
4	清洁指定区域的卫生	指定区域的卫生合格率达____%		

第三节 中餐厨房工作程序与关键问题

一、切配工作程序与关键问题

切配工作程序	工作目标
开始 ① 领取、准备原料及工具 ② 切割辅料，适当加工主料 涨发干货原料 ③ 改刀涨发好的原料 清理场地及用具，准备配菜 配菜 ④ 收尾 结束	1. 按照切菜、配菜的工作规范，在保证质量、分量的前提下节约用料 2. 刀工处理合格率达____%以上
	关键问题点
	1. 准备工具时需注意以下两个问题 （1）生、熟砧板要分开使用，避免交叉 （2）所准备的刀具要刀口锋利、不卷刃 2. 严格按照菜品的用料标准对主、辅料进行切割，并注意保持营养均衡 3. 原料进行改刀处理时，注意控制成本，在不影响菜品质量的前提下，做到"整料整用、次料次用、边角料充分利用" 4. 收尾时需注意以下两个问题 （1）刀具等工具要清洗干净，擦干防锈，砧板要分开洗刷、晾干 （2）要妥善保管剩余原料，清理冰箱、冰柜

二、原料腌制程序与关键问题

原料腌制工作程序	工作目标
	严格按照腌制品制作的工作规范，提供合格、风味独特的腌制品

	关键问题点
	1. 根据菜品的特点，选择要腌制的原料和合适的腌制品盛具
	2. 存放待用时应注意下列事项
	（1）存放腌制品时，要选择合适的地点或保存库，并定期查看
	（2）保持腌制品存放地的卫生及腌制品的温度、湿度
	（3）腌制品一定要在达到腌制要求后才可食用，以保证其质量
	（4）食用腌制品时，一定要遵循"先进先出"的原则，以保证各类腌制品的质量

三、冷菜工作程序与关键问题

冷菜工作程序	工作目标
	1. 严格按冷菜制作规范制作冷菜
	2. 冷菜质量遭客人投诉率控制在____%以内

冷菜工作程序流程图：

开始
↓
准备冷菜原料、调料及工具
↓
① 制作冷菜及调汁
↓
② 切制装配冷菜
↓
③ 收尾工作
↓
结束

关键问题点

1. 制作冷菜及调汁时需注意以下问题
   （1）制作冷菜时要根据菜单、原料的要求选择拌、烩、腌等不同的方法进行烹制
   （2）卤汁需要有专人负责，并提前准备好
2. 切制装配冷菜的关键问题点参考"切配工作程序与关键问题"的相关内容
3. 制作冷菜的收尾工作主要包括以下两个方面
   （1）将刀具清洗后与剩余材料一起通过紫外线灯进行杀菌处理
   （2）先清理冰箱，后将剩余的材料与调汁放入冰箱冷藏

四、炉灶工作程序与关键问题

炉灶工作程序	工作目标
	1. 按照炉灶工作的工作规范进行操作，按酒店菜谱要求烹制出合格的菜品 2. 菜品质量遭客人投诉率控制在___%以内

关键问题点

1. 准备烹制菜品的原料、调料时应注意以下问题
   （1）素料必须干净、脆嫩、无苦涩
   （2）荤料必须去腥味，无血污
   （3）颗粒调料干燥，液体调料无油污
2. 对原料进行初步熟处理时一定要根据不同的原料，采用焯水、过油等不同的方法进行处理
3. 炉灶厨师的收尾工作主要包括以下两个方面
   （1）烹制工作完毕后，清洗炉灶、台面及烹饪用具
   （2）将未烹制的菜品盖上保鲜膜，素菜放到菜架上，荤菜放入冰箱

炉灶工作程序流程图：

开始 → 检查炉灶是否正常 → ① 准备烹制菜品的原料、调料 → 启动炉灶 → ② 对原料进行初步熟处理 → 调制高汤、清汤或浓汤 → 熬制调味汁 → 烹制菜品 → ③ 收尾工作 → 结束

五、蒸灶工作程序与关键问题

蒸灶工作程序	工作目标
开始 检查蒸灶 对原料调味 ① 蒸制原料 ② 蒸制成品传给打荷准备出菜 ③ 收尾工作 结束	1. 按照蒸灶工作的工作规范进行操作，并按酒店菜谱要求烹制出合格的菜品 2. 菜品质量遭客人投诉率控制在____%以内

	关键问题点
	1. 蒸制原料时应注意以下四个问题 （1）干货原料需要在蒸制前泡软、涨发 （2）蒸制预料时，要将原料分类蒸制，最大限度地利用蒸柜的空间和蒸汽的利用率 （3）蒸制海产品时要控制注意时间，防止将其蒸老 （4）掌握蒸菜和出菜时间，要做到现蒸现上 2. 将蒸制成品传给打荷准备出菜时，要一同送上桌号夹和调味品 3. 蒸灶操作点的收尾工作主要包括以下两个方面 （1）打扫蒸灶区域的卫生并清洗工具 （2）将剩余的成品、半成品原料用保鲜膜盖上，放入冰箱

六、划单工作程序与关键问题

划单工作程序	工作目标
	打荷厨师快速、准确地划单，保证不错划、漏划

划单工作程序流程图：

开始
↓
准备划单的用具
↓
检查出菜的质量
↓
① 选择盛具盛菜
↓
② 划掉菜单，交给传菜员
↓
收尾、清洁
↓
结束

关键问题点

1. 选择盛具盛菜时需注意以下装盘问题
   （1）炒菜用平盘盛装
   （2）烩菜用凹盘盛装
   （3）整鸡、整鸭、整鱼等用腰盘盛装
2. 划清菜单后，将菜交给餐厅传菜员时需注意以下问题
   （1）将菜交给传菜员时，要清楚地告诉传菜员菜名和桌号
   （2）在控制上菜次序的同时，要遵循"先点先上，催菜优先"的原则
   （3）划菜单时要认真、仔细，避免漏划、错划

第四节 中餐厨房服务标准与服务规范

一、餐饮生产质量控制标准

酒店餐饮部服务标准与服务规范文件		文件编号		版本	
标题	餐饮生产质量控制标准	发放日期			

1. 根据菜谱，中厨厨师长会同相关人员确定每道菜的工艺，包括原料、投料标准、口味、颜色、造型、盛器等。

2. 所有从事餐饮生产的人员要定期体检，持健康证上岗。

3. 食品原料质量的控制。

（1）各种食品原料包括蔬菜、肉类、禽类、水产品等在使用前必须通过色泽、水分、质地、气味、形状、重量等方面的检查，确保其符合规定的原料使用标准。

（2）原料加工所用的刀、墩、案、板、盛器等用具必须保持清洁，并定期蒸煮消毒。

（3）洗菜池保持干净、卫生。

（4）原料加工要做到"四净"，即择净、掏净、剔净、洗净。

4. 冷菜质量的控制。

（1）检查切配质量，根据工艺要求进行装饰。

（2）冷荤专用的刀、案、墩、抹布等在每日用后用碱水洗净并认真消毒。

（3）制作好的冷盘由领班或划菜员检查其质量。

5. 热菜质量的控制。

（1）冰柜中的生熟食品分开，食品在自然凉透后方可放入冰柜。

（2）热菜制作过程中生熟刀具、案板分开。

（3）调料时严格按照工艺标准投放。

（4）制作热菜所用的铲勺、炉台等要保持干净、整洁，并定期消毒。

（5）禁止直接用手拿取食物。

（6）制作好的冷盘由领班或划菜员检查其质量。

6. 面点质量的控制。

（1）蒸锅、和面机等面点的使用设备要在使用前检查，使用后清洗干净。

（2）制作的面点熟食要在其自然冷透后再放入冰柜。

（续）

签阅栏		签收人请注意：在此签字时，表示您同意以下两点内容。 1. 本人保证严格按此文件要求执行。 2. 本人有责任在发现问题时，第一时间向本文件审批人提出修改意见。			
相关说明					
编制人员		审核人员		审批人员	
编制日期		审核日期		审批日期	

二、餐饮生产成本控制规范

酒店餐饮部服务标准与服务规范文件		文件编号		版本	
标题	餐饮生产成本控制规范	发放日期			
1. 严把原料的验收关，从原料的数量、质量、价格等方面进行全面控制。 （1）在原料数量上，原则上要求用多少买多少，减少原料积压或腐烂。 （2）选购原料时，必须按照各式菜品制作工艺的要求来选购原料，避免因质量不过关而造成浪费。 （3）在原料价格上，要做到货比三家，经常调查市场行情，尽可能用最低的价格买到符合要求的原料。 2. 在对原料进行加工的过程中提高其出料率、涨发率与综合利用率。 3. 严格按照菜单的标准配菜，控制其数量，要多配少存。 4. 在烹制菜品的过程中，要严格按照工艺要求投放调料，杜绝调料浪费。 5. 菜品烹制好后，要由专人负责检查，减少因回锅而产生额外的成本。 6. 保管好原料与成品，避免因原料或成品变质而造成损失。					
签阅栏		签收人请注意：在此签字时，表示您同意以下两点内容。 1. 本人保证严格按此文件要求执行。 2. 本人有责任在发现问题时，第一时间向本文件审批人提出修改意见。			
相关说明					
编制人员		审核人员		审批人员	
编制日期		审核日期		审批日期	

三、中餐厨房卫生管理规范

酒店餐饮部服务标准与服务规范文件		文件编号		版本	
标题	中餐厨房卫生管理规范	发放日期			

1. 中厨房厨师工作卫生规范

(1) 中厨房中的厨师按照酒店"员工手册"要求自己的仪容、仪表并定期体检，持健康证上岗。

(2) 厨房工作人员在上班前、方便后应洗手，以保持双手干净。

(3) 厨师在工作中吐痰、咳嗽、打喷嚏时要避开食物。

(4) 厨房工作人员应尽量避免用手沾成品或盛放成品的盛具。

(5) 所有菜品和器皿都不得与地面或污垢接触。

(6) 厨师工作过程中应将生食与熟食分开加工，包括刀、案、墩等用具。

(7) 食物在洗净后要及时保存，禁止过长时间暴露在常温下。

(8) 厨师在工作过程中禁止用炒菜勺直接尝味，尝过味后的菜品不能倒入炒锅内。

2. 中厨房的设施、设备及环境的卫生规范

(1) 厨房中的工具、用具每日清洗、消毒。

(2) 炉灶、抽油烟机要求无斑迹、无油污、光亮。

(3) 炉灶底部没有储存垃圾、无异味，沟渠无杂物、无污垢。

(4) 蒸饭柜内外无米粒、无杂物。

(5) 所有调料容器必须加盖。

(6) 密封的污物桶、泔水桶每日清理一次，保持其卫生。

(7) 每日清扫地面，要求无垃圾、无油污、无积水。

(8) 定期除"四害"（包括老鼠、苍蝇、蚊子和蟑螂）。

签阅栏	签收人请注意：在此签字时，表示您同意以下两点内容。 1. 本人保证严格按此文件要求执行。 2. 本人有责任在发现问题时，第一时间向本文件审批人提出修改意见。		
相关说明			
编制人员	审核人员	审批人员	
编制日期	审核日期	审批日期	

四、原料加工服务管理规范

酒店餐饮部服务标准与服务规范文件		文件编号		版本	
标题	原料加工服务管理规范	发放日期			

1. 准备工作

（1）粗加工厨师准备好要加工的食品原料，加工时要用到的盛器、小刀、刮皮器和刮鳞器等用具。

（2）切配厨师准备好刀具、菜墩、餐盘等用具。

2. 进行粗加工

（1）粗加工厨师将蔬菜、瓜果等新鲜原材料进行拣洗、择除、去皮、去籽、去茎叶，加工出一定造型，取得净料。

（2）对于肉类原料，应去皮、剔骨，分档取肉。

（3）对于禽类原料，应取出胸肉、腿肉、翅爪等部位，根据细加工的要求，加工出一定的造型。

（4）对于水产类原料，鱼、虾应去鳞、去内脏等，然后洗净沥干。

（5）对于冷冻食品，应先放入水中浸泡，待解冻后将原料洗干净，再进行相应的粗加工处理。

3. 进行细加工

（1）切配厨师根据当天的点菜单，精心选料（不同风味的菜品要配以不同品种、不同规格、不同部位的原料）。

（2）选好料后，利用熟练高超的刀工，运用切、片、拍、剁等不同的刀法，将原料制作成规范的且符合要求的丝、片、块、段等。

（3）将切配好的原料分别装入料盒，送热菜厨房备用。

（4）清理工作场地，清洗刀具和厨具，将剩余的原料用保鲜膜包好后放入冷藏柜。

签阅栏		签收人请注意：在此签字时，表示您同意以下两点内容。
		1. 本人保证严格按此文件要求执行。
		2. 本人有责任在发现问题时，第一时间向本文件审批人提出修改意见。
相关说明		
编制人员	审核人员	审批人员
编制日期	审核日期	审批日期

五、冷菜制作服务操作规范

酒店餐饮部服务标准与服务规范文件		文件编号		版本	
标题	冷菜制作服务操作规范	发放日期			

1. 准备工作

（1）在制作前，冷菜厨师洗手消毒，穿戴好工作衣帽，头发梳理整齐置于帽内（工作服须完好、洁净、无破损，纽扣须完好、无脱落现象）。

（2）准备好炊具和餐具，炊具和餐具都要彻底消毒。

2. 制作冷菜

（1）冷菜厨师根据订单，先选料做好粗加工，将原材料加工成所要求的形状。

（2）选好配料和调味料，且配料和调味料需新鲜、无异味，符合卫生标准。

（3）按照不同的烹制方法，加工制作各种冷菜食品。

（4）烹制好后，对食品进行刀工处理，装入盘内（肉类冷荤食品烹制后，需冷却到5℃~8℃时再进行刀工处理）。

3. 收尾工作

（1）加工制作工作结束后，冷菜厨师应将所有的炊具和用具进行统一清洗和消毒，并放到指定位置备用。

（2）将剩余的冷荤食品用保鲜纸包好后放入冰柜中，同时注意生熟食品分开，成品、半成品分开，肉、海产品分开等。

签阅栏		签收人请注意：在此签字时，表示您同意以下两点内容。 1. 本人保证严格按此文件要求执行。 2. 本人有责任在发现问题时，第一时间向本文件审批人提出修改意见。	
相关说明			
编制人员		审核人员		审批人员	
编制日期		审核日期		审批日期	

六、中餐厨房质量管理规范

酒店餐饮部服务标准与服务规范文件		文件编号		版本	
标题	中餐厨房质量管理规范	发放日期			

1. 建立完善的质量管理标准及管理制度体系。

2. 由专人设计菜谱，集众家之所长（要经常到其他酒店学习、交流、取经），对每道菜品都要进行认真分析，确保每道菜品能适合客人口味，被客人所认可。

（续）

3. 任何菜谱设计完成后，厨师长要会同有关人员对每道菜进行工艺确定，包括价格、用料标准、口味、颜色、装盘、容器等的确定。

4. 每式菜谱最长一季调整一次，且菜品更换率在30%以上。宴会菜谱按标准人数和消费金额分类设计打印。

5. 所有菜谱都要按照标准模式建立档案，由厨师长主持撰写，交总办统一归档管理。

6. 任何创新菜品都要建立在对市场的深入调研基础上，经试验后，按规定程序报批后方能推出。更换、创新菜谱的审批权限在执行总经理或经营副总。新菜品的推出要填写当日的"菜品信息通知单"通知餐厅，并对餐厅做好新菜品的培训工作。

7. 厨房内的每道工序均要求按岗位责任制定一定的工作标准，由厨师长或其他考评人按标准进行检查考核，结合每人当日工作状况填写"厨房生产质量评价表（日）"，对工作质量进行评价。

8. 所有厨师上岗前，必须经过实际操作考核，由执行总经理以及经营副总、厨师长、人事主管共同参与考核。

9. 厨师长及有关人员每周至少随采购部考察一次市场，及时发现挖掘新、奇、特原料和货源，不断更新菜品。

10. 厨房生产要严格按岗位分工，保证职责明确，责任到人，严禁擅自越岗操作。

11. 设置菜品质检员（厨师长兼任），负责菜品质量检验把关工作。

12. 每餐的缺菜不得超过四种，否则应填写"缺菜记录"进行申报，并追究责任。每日或每餐缺菜要填写当日的"菜品信息通知单"并及时通知餐厅。

13. 厨房人员要严格执行《食品卫生法》，出现食物中毒现象，由责任人和厨师长共同负责，承担因此造成的经济损失。

14. 餐厅派专人每天每餐到桌征求客人意见，并填写"客人评议菜品反馈表"，一式两份，报执行总经理或经营副总一份，并由其签署意见后及时反馈给厨师长。

15. 厨师长及厨师要经常到前厅了解客人对饭菜质量的反映，坚持每周有3次看台，每次不少于3桌，并做好看台记录，填写"饭菜质量评议表（厨房）"，一式两份，每周报执行总经理或经营副总一份。

16. 餐厅经理、厨师长在每天的例会上要讲评头一天餐饮部的反馈意见和看台情况。

17. 厨师长在每周经营会上向执行总经理或经营副总述职时，汇报上述调查结果。

18. 酒店每月举行"质量标兵"评选活动，召开颁奖大会，为标兵们发奖、戴花，并展示标兵照片。

19. 酒店每季举行一次技术比武，酒店成立由执行总经理或经营副总、厨师长、人事主管等组成的考评委员会，由人事主管牵头，考评结果作为员工晋级的依据。

（续）

签阅栏		签收人请注意：在此签字时，表示您同意以下两点内容。 1. 本人保证严格按此文件要求执行。 2. 本人有责任在发现问题时，第一时间向本文件审批人提出修改意见。			
相关说明					
编制人员		审核人员		审批人员	
编制日期		审核日期		审批日期	

七、中餐厨房出菜管理规范

酒店餐饮部服务标准与服务规范文件		文件编号		版本	
标题	中餐厨房出菜管理规范	发放日期			

1. 厨房案板切配人员负责随时接受和核对菜单。

2. 厨房接受餐厅的点菜单需盖有收银员的印记，并夹有该桌号与菜肴数量相符的夹子。

3. 宴会和团体餐单必须是宴会预订或厨师长开出的正式菜单。

4. 配菜岗人员凭菜单按规格及时、准确地配制，并按先接单先配、紧急情况先配、特殊菜肴先配的原则进行处理，以保证菜肴及时上火烹制。

5. 负责排菜的人员，排菜必须前后有序、准确、及时，菜肴与餐具相符，成菜及时送至备餐间，并提醒传菜员取走。

6. 从接受订单到第一道热菜出品不得超过 10 分钟，冷菜不得超过 5 分钟，因误时拖延出菜引起客人投诉的，当事人应负相关责任。

7. 所有出品菜单必须妥善保存，餐毕，及时交厨师长审核。

8. 炉灶岗人员对所订菜肴要及时烹调，对所配菜肴的规格、质量有疑问者，要及时向案板切配岗人员提出，并妥善处理。

9. 厨师长负责对出菜的手续和菜肴质量进行检查，如有质量不合格或手续不全的菜肴，有权退回并追究责任。

签阅栏		签收人请注意：在此签字时，表示您同意以下两点内容。 1. 本人保证严格按此文件要求执行。 2. 本人有责任在发现问题时，第一时间向本文件审批人提出修改意见。			
相关说明					
编制人员		审核人员		审批人员	
编制日期		审核日期		审批日期	

八、厨房防火安全管理规范

酒店餐饮部服务标准与服务规范文件		文件编号		版本	
标题	厨房防火安全管理规范	发放日期			

1. 防火安全设备的配备和管理

厨房内必须配备灭火器材与防火设备，并确保这些设备能够正常工作。

2. 厨房内设备设施和电器的防火安全管理

（1）易燃、易爆危险物品，如酒精、汽油、煤气罐钢瓶、火柴等，不可放置于炉具或电源插座附近，更不可靠近火源。

（2）厨房各种电器设备的安装和使用必须符合防火安全要求，严禁超负荷使用。

（3）厨房各种电器设备的绝缘要好，插座头损坏或电线外部绝缘体破裂应立即更换或修理；发现电线走火时，应迅速切断电源，切勿用水泼。

（4）厨房各种电器设备的使用和操作必须制定安全操作规程并严格执行。例如，在使用煤气灶时，必须按照"先点火，后开气"的规程进行操作。

3. 防火安全的规范化操作

（1）厨房必须保持清洁，染有油污的抹布、纸屑等杂物应随时清除，炉灶油垢应经常清除，以免火屑飞溅引起火灾。

（2）炒菜时，切勿随便离开或分神处理其他厨务，切勿与他人聊天。

（3）油锅起火时，应立即用锅盖紧闭，使之缺氧而熄；锅盖不密时，应就近用酵粉或食盐使火焰熄灭，并除去热源，关闭炉火。

（4）用电烹煮食物，须防止水分烧干起火；用电时，避免分叉或多口插座同时使用多个电器。

（5）厨房在炸、煎、烤各种食品和炼油时，油锅、烤箱内的温度不宜过高，油锅内的油不宜太满，以防引起火灾。

（6）使用煤气炉、煤气管线时，勿靠近电气线路或电源插座装置，炉具和钢瓶未经检验合格者，不可采用。

（7）煤气钢瓶不可横放，管线及开关不可有漏气现象。遵照点火及熄火方法，点火之前忌大量煤气喷出，熄火时应关闭管制龙头，不可用口吹熄，防止煤气泄漏而引起火灾或中毒等事故。

（8）每日工作结束后，必须清理厨房，检查电源、煤气、热源火种等开关确实关闭。

4. 火灾安全事故的应对和宣传

（1）如果发生火灾，应立即向消防中心求援，在消防员未到达前，自己要先进行抢救。油类起火时，最好用消防沙或灭火器灭火。

（2）平时注意对员工进行消防宣传，普及救灾常识，实施救灾编组，训练员工正确地使用消防器材。灭火器及消防水栓要经常检验，以免失效。同时，应储备一些沙包，以备应急之需。

（续）

签阅栏		签收人请注意：在此签字时，表示您同意以下两点内容。 1. 本人保证严格按此文件要求执行。 2. 本人有责任在发现问题时，第一时间向本文件审批人提出修改意见。			
相关说明					
编制人员		审核人员		审批人员	
编制日期		审核日期		审批日期	

第五节　中餐厨房常用文书与表单

一、菜品信息通知单

有效期：

项目	菜品名称	价格	可供份数	备注	
新菜				原料、做法等	
特价菜				原价	
需推销菜品				原因	
需推销海鲜				原因	
缺菜				原因	（如未提报、未采购、市场缺货等）
量少菜					
餐饮部经理		中厨厨师长		填单人	

二、厨师业务管理档案

档案编号：　　　　　　　　　档案填写人：　　　　　　　　　档案审核人：

姓名		年龄		性别	
职称		工种		工作年限	
资格证书情况					
工作表现					
试用期评价					
年终考核评价					
不良表现					
备注					

三、厨房菜品采购申请单

申请人：　　　　　　　　　　　　　　　　　　　　　日期：____年____月____日

编号	品名	单位	数量	单价	货币
总计（单位：元）					

四、厨房菜品定额成本卡

编号：　　　　　　　　菜品名称：　　　　　　　　规格：

项目	名称	重量（克）	单价（元）	成本（元）	总成本	备注
主料						
辅料						
调味品						
总成本						

五、厨房菜品处理记录表

日期	餐别	菜品名称	直接责任人	处理原因	处理意见	厨师长	备注

六、厨房安全检查记录表

检查人：   检查时间：

检查内容	检查结果	备注
水源、电源是否关闭	□是　　□否	
煤气阀是否关闭	□是　　□否	
蒸汽柜是否关闭	□是　　□否	
门窗是否关闭	□是　　□否	
冰箱、冷柜是否正常运转	□是　　□否	
消防器具是否放回到原位	□是　　□否	

第六节　中餐厨房服务质量提升问题解决方案

一、菜品质量问题控制方案

标　　题	菜品质量问题控制方案		文件编号		版本	
执行部门		监督部门		考证部门		

　　1. 为了更好地做好菜品质量控制工作，防止菜品出现质量问题，中厨厨师长在行政总监的指导下，特制定本方案。

　　2. 菜品质量问题控制办法具体如下。

　　（1）制定餐饮生产的操作规范和菜品的质量规范，并监督各项规范的执行情况。

　　（2）建立原料采购、粗加工、烹饪等关键环节的检查制度，层层把关，不符合质量规范的绝对不能进入下一道工序。

（续）

（3）倾听客人对菜品的意见和建议，中厨厨师长会同相关人员对菜品从色、香、味、形等各个方面进行改进。

（4）记录不合格的或被退回的菜品，认真分析原因，改进后积极倾听客人的反馈。

（5）加大培训力度，不断提高各级厨师的技能。

（6）加强对厨房设施、设备的日常保养与管理，使其更好地服务于菜品制作。

二、问题菜品应对方案

标　　题	问题菜品应对方案		文件编号		版本	
执行部门		监督部门		考证部门		

1. 为了及时、快速、妥善地处理好被退回厨房的问题菜品，特制定本方案。

2. 问题菜品确认

（1）客户要求退回问题菜品（口味不对、未熟或发现异物等原因）时，服务员应及时向厨师长汇报，由厨师长复查鉴定。

（2）若厨师长不在，应交在场的最高级别人员鉴定后立即安排处理。

3. 问题菜品处理

（1）有质量问题的菜品退回厨房后，服务员应立即向中厨房领班汇报，由中厨房领班或厨师长进行鉴定。

（2）确认菜品有口味不对、未熟或有异物等质量问题后，应交给打荷厨师重新配置。

①菜品口味不对或未熟，应重新配置或加熟。

②菜品中有异物或菜品的造型不佳，应更换菜品或重新进行配置。

4. 打荷厨师收到指令后，应立即向相关炉灶厨师说明情况，并让相关炉灶厨师重新制作。

5. 重新上菜

（1）加热烹制成熟后，打荷厨师应按规格装饰点缀，经厨师长或在场最高级别人员检查认可后，迅速递给传菜员上菜，并说明应注意的事项。

（2）打荷厨师将处理情况及结果记入"厨房菜品处理记录表"。

6. 将相关情况记入"厨房菜品处理记录表"。

相关说明	

三、新菜式推出方案

标　　题	新菜式推出方案		文件编号		版本	
执行部门		监督部门		考证部门		

一、目的

为了使本酒店在创作新菜式、新菜品时有可参考的标准，确保每款推出的新品种能够适销对路，既满足客人的要求，又丰富本酒店的菜式品种，提高营业收入，特制定本方案。

二、职责分工

餐饮部菜式创新小组负责考察新菜式的市场，拟订新品推出计划，并由厨房进行菜式的试制、试食。菜式创新小组的成员包括餐饮部副经理、中餐厅工作人员、厨房工作人员、营销部营销人员等，其中餐饮部副经理为菜式创新小组组长。

三、新菜式推出步骤

（一）确定新品推出时间

原则上在淡季期间推出新菜式，由餐饮部菜式创新小组组织进行。

（二）拟订新品推出计划

1. 根据市场信息、结合客源的需求及口味的要求，参考平时积累的经验总结和各类信息，由菜式创新小组组长拟订新品推出计划。

2. 菜式创新小组组长拟订新品推出计划及新品的配方与制作方法。

3. 根据菜品的做法准备好创作新品所需的原材料及用具。

（三）新品制作、评价和推出

1. 厨房制作出新品并试食后，由餐饮部经理、行政总厨、创新小组成员进行试食和评价。

2. 试食后，相关人员对新菜品进行评价并做好记录，确定可推出品种，由创新小组成员填写"新菜式出品配方表"，送交行政总厨审批备案。由营销部参照通知表进行定价，并填写"产品定价审批表"交人事行政部上报审批，再由人事行政部按照营销部提供的菜品名称及价格制作菜单予以正式推出。

（四）新品试销和最终确认

1. 产品推出后一周为试销期，在此期间由餐饮部向客人推销新菜品并征求客人对新菜品的意见。客人反映不佳，且意见较多、销量很差的菜品应取消推出。

2. 取消推出的新菜品由餐饮部经理负责汇总意见，并向主管领导提交"新品客人意见反馈记录表"。

3. 行政总厨接到意见书后提交人事行政部，由人事行政部对新菜品试销情况进行书面整理。

4. 人事行政部负责保存新菜品推出的所有记录文件。

相关说明	

岗位职责
+
绩效标准

工作程序
+
关键问题

执行技巧
+
解决方案

常用文书
+
工作表单

第八章

西餐厨房精细化管理

第一节　西餐厨房岗位描述

一、西餐厨房岗位设置

（一）大型酒店西餐厨房岗位设置

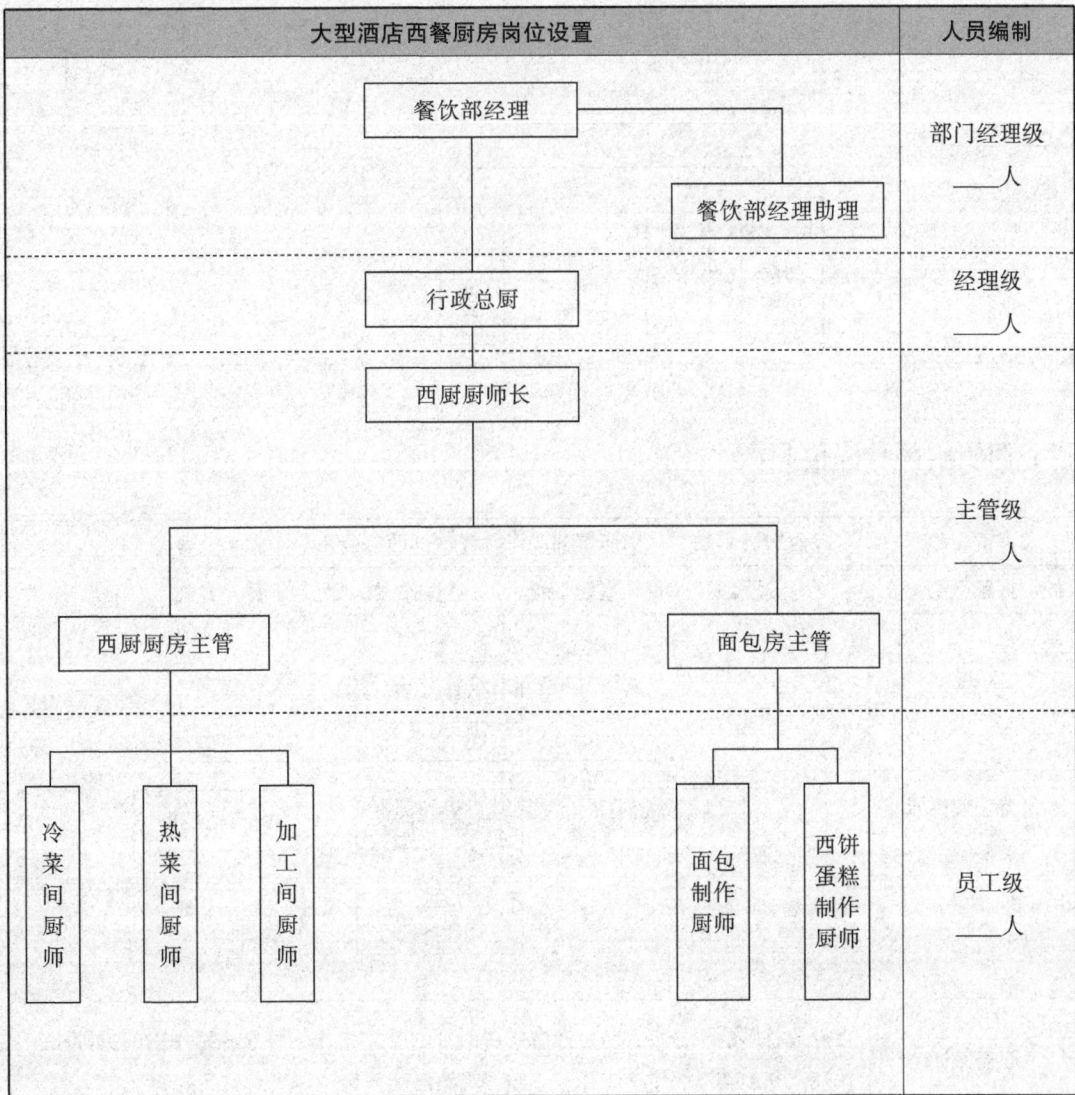

大型酒店西餐厨房岗位设置	人员编制
餐饮部经理 餐饮部经理助理	部门经理级 ＿＿人
行政总厨	经理级 ＿＿人
西厨厨师长	
西厨厨房主管　　面包房主管	主管级 ＿＿人
冷菜间厨师　热菜间厨师　加工间厨师　　面包制作厨师　西饼蛋糕制作厨师	员工级 ＿＿人

225

（二）中小型酒店西餐厨房岗位设置

中小型酒店西餐厨房岗位设置	人员编制
餐饮部经理 餐饮部副经理	部门经理级 ——人
行政总厨	经理级 ——人
西厨厨师长	主管级 ——人
初加工切配厨师　冻房厨师　热房厨师　西饼房厨师	员工级 ——人

二、西厨厨师长岗位职责

岗位名称	西厨厨师长	所属部门	餐饮部西餐厨房	编　号	
直属上级	行政总厨	直属下级	各操作点厨师	晋升方向	
所处管理位置	行政总厨／中厨厨师长／西厨厨师长／管事处经理／各操作点厨师				
职责概述	在行政总厨的领导下，负责西餐厨房的日常管理工作，督导各操作点的厨师按工作规范开展菜品的生产工作，不断提高菜品的质量和客人对菜品的满意度				

（续）

职　责	职责细分	职责类别
1. 西餐厨房的运营管理	（1）在行政总厨的指导下，制作西餐厅菜牌、西厨房菜谱	周期性
	（2）根据西餐厅的经营情况，制订西厨房的采购计划	日常性
	（3）制定西餐厨房的工作流程和各式菜品的制作规范	周期性
2. 西餐厨房菜品生产管理	（1）负责安排西餐厨房的菜品生产，并监督、检查菜品的质量	日常性
	（2）督导初加工与切配厨师、冻房厨师、热房厨师、西饼房厨师按工作规范进行菜品的加工生产	日常性
	（3）合理安排各操作点的厨师，确保西餐厨房的正常运作	日常性
3. 控制西厨房的成本费用	（1）审核西餐厨房的"原料申领单""原料采购申请单"	日常性
	（2）监督、检查各操作点厨师的投料数量，避免造成浪费	日常性
	（3）督导厨房工作人员做好炉灶、烤箱等设施设备的日常保养工作，降低因设施设备故障而造成的损失	日常性
4. 环境卫生与食品安全管理	（1）督导各操作点厨师及工作人员做好西餐厨房环境卫生的清洁工作	日常性
	（2）督导冷荤原料的质量，以保证食品的安全	日常性
5. 员工管理	（1）制订各操作点厨师的业务培训计划，并督导实施	周期性
	（2）组织开展各操作点厨师的业务培训与新员工的带教工作	日常性
	（3）对各操作点厨师的工作进行考评，制定奖惩方案	日常性

三、初加工、切配厨师岗位职责

岗位名称	初加工、切配厨师	所属部门	餐饮部西餐厨房	编　号	
直属上级	西厨厨师长	直属下级		晋升方向	
所处管理位置					

西厨厨师长

初加工、切配厨师　｜　冻房厨师　｜　热房厨师　｜　西饼房厨师

（续）

职责概述	在西厨厨师长的领导下，负责按照工作程序完成西餐所有菜品的初加工、切配工作	
职 责	**职责细分**	**职责类别**
完成西餐所有菜品的初加工、切配工作	（1）根据菜单和客情申领原料，报西厨厨师长审核	日常性
	（2）严格按照菜品的加工工艺对原料进行初加工、切配工作，确保切配的主、辅料符合质量要求与供给数量要求	日常性
	（3）负责剩余原料的妥善保管工作，确保剩余原料不变质	日常性
	（4）负责保养、维护初加工、切配点上的设施设备，确保设施设备能正常使用	日常性
	（5）负责初加工、切配点上的卫生清洁工作，并予以保持	日常性

四、冻房厨师岗位职责

岗位名称	冻房厨师	所属部门	餐饮部西餐厨房	编 号	
直属上级	西厨厨师长	直属下级		晋升方向	
所处管理位置					
职责概述	在西厨厨师长的领导下，负责按照工作程序完成冻房的各项工作				
职 责	**职责细分**			**职责类别**	
1. 冷菜制作	严格按照生产工艺制作西餐冷盘、沙拉，确保冷盘、沙拉的质量与分量都符合酒店的要求			日常性	
2. 完成冻房其他相关工作	（1）负责保养、维护冻房的设施设备，确保设施设备能正常使用			日常性	
	（2）负责冻房的卫生清洁工作，确保冻房的卫生符合规定的标准			日常性	
	（3）负责完成厨师长交办的其他工作			日常性	

五、热房厨师岗位职责

岗位名称	热房厨师	所属部门	餐饮部西餐厨房	编　号	
直属上级	西厨厨师长	直属下级		晋升方向	
所处管理位置					

```
              西厨厨师长
    ┌──────┬──────┼──────┬──────┐
  初加工、    冻房      热房      西饼房
  切配厨师    厨师      厨师      厨师
```

职责概述	在西厨厨师长的领导下，负责按照工作程序完成热房的各项工作	
职　责	职责细分	职责类别
1. 制作西餐热菜	(1) 严格按照生产工艺制作西餐热菜，确保热菜质量符合要求	日常性
	(2) 根据客情，及时、快速地开展西餐热菜烹饪工作，确保上菜及时	日常性
2. 完成热房的各项工作	(1) 负责保养、维护热房的设施设备，确保其正常使用	日常性
	(2) 负责热房的卫生清洁工作，确保卫生状况符合规定的标准	日常性
	(3) 负责完成厨师长交办的其他工作	日常性

六、西饼房厨师岗位职责

岗位名称	西饼房厨师	所属部门	餐饮部西餐厨房	编　号	
直属上级	西厨厨师长	直属下级		晋升方向	
所处管理位置					

```
              西厨厨师长
    ┌──────┬──────┼──────┬──────┐
  初加工、    冻房      热房      西饼房
  切配厨师    厨师      厨师      厨师
```

（续）

职责概述	在西厨厨师长的领导下，负责按照工作程序完成西饼房的各项工作	
职　　责	职责细分	职责类别
1. 制作面包等糕点	严格按照西饼的生产工艺制作面包、蛋糕、甜点等糕点，确保糕点质量符合要求	日常性
2. 完成西饼房的各项工作	（1）做好西饼房所有设施设备的日常保养与维护工作，确保设施设备能正常使用	日常性
	（2）负责西饼房的卫生清洁工作，确保西饼房卫生符合规定的标准	日常性
	（3）完成厨师长交办的其他工作	日常性

第二节　西餐厨房岗位绩效考核量表

一、西厨厨师长绩效考核量表

序号	考核内容	考核指标及目标值	考核实施	
			考核人	考核结果
1	监督西餐菜品的制作质量	西餐菜品质量合格率达＿＿＿%		
		客人满意度评分平均达＿＿＿分		
2	督导下属做好设施、设备的保养工作	设施、设备正常使用率达＿＿＿%		
3	督导食物原料的质量，保证食品安全	食品质量事件发生率不超过 ＿＿＿%		
		食品安全事件发生次数为0		
4	督导厨师的业务培训工作	培训计划完成率达＿＿＿%		

二、初加工、切配厨师绩效考核量表

序号	考核内容	考核指标及目标值	考核实施	
			考核人	考核结果
1	按菜品生产工艺初加工、切配原料	初加工、切配的原料合格率为____%		
2	充足供应冻房、热房所需的切配好的原料	供应冻房、热房切配好的原料的及时率达____%		
3	妥善保管剩余原料	剩余原料的变质率控制在____%以内		
4	保养、维护初加工、切配点上的设施设备	初加工、切配点上的设施设备正常使用率达____%		
5	清洁初加工、切配点上的卫生状况	初加工、切配点上的卫生达标率为____%		

三、冻房厨师绩效考核量表

序号	考核内容	考核指标及目标值	考核实施	
			考核人	考核结果
1	按西餐冷盘、沙拉的生产工艺制作冷菜	冷菜成品合格率达____%		
2	按冷菜制作质量与需求数量及时供应冷菜	客人对冷菜的满意度评分平均达____分		
3	保养、维护冻房的设施、设备	冻房的设施、设备正常使用率达____%		
4	做好冻房的卫生清洁工作	冻房的卫生达标率达____%		

四、热房厨师绩效考核量表

序号	考核内容	考核指标及目标值	考核实施	
			考核人	考核结果
1	按菜品生产工艺制作热菜	热菜成品的合格率达____%		
		客人对热菜的满意度评分平均达____分		
2	保养、维护热房的设施、设备	热房的设施、设备正常使用率达____%		
3	做好热房的卫生清洁工作	热房的卫生达标率达____%		

五、西饼房厨师绩效考核量表

序号	考核内容	考核指标及目标值	考核实施	
			考核人	考核结果
1	按西饼生产工艺制作面包、蛋糕、甜点等糕点	面包、蛋糕、甜点等糕点的合格率达____%		
2	提供足量的面包、蛋糕、甜点等并确保其质量	客人对面包、蛋糕、甜点等糕点的满意度评分平均达____分		
3	做好西饼房的设施、设备日常保养与维护工作	西饼房的设施、设备的正常使用率达____%		
4	负责西饼房的卫生清洁工作	西饼房的卫生合格率达____%		

第三节　西餐厨房工作程序与关键问题

一、初加工、切配程序与关键问题

初加工、切配工作程序	工作目标
开始 ①准备原料 ②初加工原料 ③切配 ④收尾 结束	1. 严格按生产工艺提供经过初加工、切配的半成品 2. 初加工、切配的半成品合格率达____%以上
	关键问题点
	1. 准备原料时应注意以下两个问题 （1）严格检查原料的质量，不符合原料使用标准的不得投入使用 （2）准备一套荤素分开的加工、切割工具 2. 对原料初加工时应注意以下问题 （1）蔬菜要清洗干净，按照西餐冷菜与热菜的要求去皮、去根等 （2）肉类食品要解冻，并根据烹制要求切割所需肉类的部位 3. 切配原料时，应按照生产工艺的要求进行切配，并且注意整料整用、次料次用、边角料充分利用，以节约生产成本 4. 收尾时要妥善保持剩余的原料，荤素分类存储，对易混味的原料要单独存储，以保证下一次使用时的质量

二、西餐冷盘制作程序与关键问题

西餐冷盘制作程序	工作目标
	1. 严格按照西餐冷盘的制作工艺提供合格的冷盘菜品
	2. 冷盘菜品因质量问题遭客人投诉的投诉率控制在____%以下

西餐冷盘制作程序流程图：

```
        开始
         │
         ▼
   选择新鲜的原料
         │
         ▼
  对原料进行精细加工
         │
         ▼           ①
     制作调味品
         │
         ▼           ②
     搭配、装盘
         │
         ▼
       收尾
         │
         ▼
       结束
```

关键问题点

1. 制作调味品时，要突出酸、甜、辣、咸、烟熏等略浓的口味

2. 装盘时，要尽可能做到荤素搭配、主辅协调、色泽鲜艳、造型美观；冷盘菜品的温度以10℃~12℃为宜

三、西餐热菜制作程序与关键问题

西餐热菜制作程序	工作目标
开始 → 准备原料 ① → 制作热菜 ② → 收尾 → 结束	按照生产工艺制作出质量上乘、客人满意的热菜

关键问题点
1. 准备原料时应注意以下问题 （1）检查炉灶、厨具等是否使用正常、齐备 （2）检查半成品的质量 （3）准备将要使用到的原料，如煮熟的土豆、调味汤和调料等 2. 制作热菜时严格按照菜谱及生产工艺进行，在保证质量的情况下也要保证数量

四、西餐糕点制作程序与关键问题

西餐糕点制作程序	工作目标
开始 → 和面 → 拌料或制馅 ① → 发面、造型 ② → 选择合适的方法将面点加工成熟 ③ → 结束	严格按照西饼房的各项操作规范，为客人提供满意的面包、蛋糕、甜点等

关键问题点
1. 拌料时投入的黄油、果仁、酵母等配料与调味品一定要按照配备标准投放，避免浪费 2. 发面时应注意以下两个问题 （1）发酵时，应根据不同的面粉品种控制发酵时间和面料的柔软度 （2）将发好的面放入涂有植物油或垫有锡箔的烤盒内，以便其成型 3. 将面点加工成熟的方法有烘焙、烤、烙、煮、蒸、炸、煎等多种

五、糕点面团制作程序与关键问题

糕点面团制作程序	工作目标
开始 ↓ 准备物料、盛器、工具 ↓ 了解糕点制作需要 ↓ 制作面团 ↓ 加盖保鲜膜，待用 ↓ 结束	按要求制作出符合要求的面团
	关键问题点
	制作面团时需注意以下三点内容 （1）要根据各种糕点制作的需要，分别制作出发酵面团、水调面团、油酥面团、蛋和面团、米粉面团和糕面 （2）根据气候条件、面粉质量及成品要求，把握各种面团的面粉使用量 （3）熟悉各种面团的湿度大小、颗粒均匀、筋力大小及软硬程度等

六、糕点馅制作程序与关键问题

糕点馅制作程序	工作目标
开始 ↓ 准备荤素原料、盛器、工具 ↓ 按需准备各种馅 ↓ 加盖保鲜膜，放入保鲜冰箱 ↓ 结束	按要求制作出符合要求、味道鲜美的糕点馅
	关键问题点
	准备各种糕点馅时需注意以下三点内容 （1）要根据日常经营情况，按需准备各种馅料 （2）制馅时，要掌握各种调味品加入的先后顺序，使馅咸淡适中、滋味鲜美、风味突出 （3）根据季节和品种要求估测各种馅料的吃水量，加水时不要一次性加太多，并且要顺着一个方向搅拌

第四节　西餐厨房服务标准与服务规范

一、西餐厨房物品领用及验收规范

酒店餐饮部服务标准与服务规范文件		文件编号		版本	
标题	西餐厨房物品领用及验收规范	发放日期			

1. 目的

为了加强西厨房物品领用和使用管理，控制费用成本，避免浪费和不必要的消耗，确保西厨房的正常运转，经研究，行政总厨会同西厨厨师长特制定本规范。

2. 物品领用审批手续

（1）西厨房所有食品原材料及厨具、用品、清洁用品的领用，由西厨厨师长审批签字。审批时，要注意以下三点内容。

①根据使用需要和正常用量控制申领数量。

②西厨房不使用的原料、物品不得批领，同时注意避免因积压而造成浪费。

③高档食品原材料要交行政总厨审批签字后方可申领。

（2）所有办公用品都应由西厨厨师长根据需要审批领用数量并签字，再经餐饮部经理签字后方可领用。

3. 领物后验收手续

（1）根据西厨厨师长的安排，负责领物的人员将所领物品交西厨厨师长验收，西厨厨师长对照领用单留存联逐一检查所领物品的品种、数量、规格和质量，验收合格后方可使用。

（2）西厨厨师长必须将领用单留存联分类保存，每月月底做好汇总工作并报行政总厨，以便行政总厨进行费用调整和控制。

4. 物品的使用控制规定

（1）西厨厨师长负责对各操作点的物品保管及使用进行检查、控制，并定期组织汇总、评估，如物品使用量超出正常使用范围，应及时查找原因，并报行政总厨。

（2）贵重物品用后要有专人负责保管，严格控制其用途。

（3）科学地预测各类物品的使用量，增强工作的计划性，确保在规定的时间领用物品。

（4）在使用物品的过程中，既要保证规格，又要杜绝浪费，以节约成本。

（续）

签阅栏		签收人请注意：在此签字时，表示您同意以下两点内容。 1. 本人保证严格按此文件要求执行。 2. 本人有责任在发现问题时，第一时间向本文件审批人提出修改意见。		
相关说明				
编制人员		审核人员		审批人员
编制日期		审核日期		审批日期

二、西餐厨房库存盘点工作标准

酒店餐饮部服务标准与服务规范文件		文件编号		版本	
标题	西餐厨房库存盘点工作标准	发放日期			

1. 目的

为了加强控制西厨房各类物品的使用，按时向财务部提供财务核算资料，及时补充西厨房所需的物品，在财务部负责人的指导下，特制定本标准。

2. 西厨房库存盘点程序

（1）根据财务部的统一安排与规定，每月选择一天作为库存盘点日。

（2）分类别清查财务部规定的盘点项目。

（3）列表登记点算数字。

（4）计算当月使用量和领货量。

（5）填写盘点总表，一式三联。第一联交财务部相关人员，第二联交餐饮部经理，第三联交西厨厨师长留存。

（6）根据盘点结果，由西厨厨师长监控，并制订西厨房物品补充计划。

签阅栏		签收人请注意：在此签字时，表示您同意以下两点内容。 1. 本人保证严格按此文件要求执行。 2. 本人有责任在发现问题时，第一时间向本文件审批人提出修改意见。		
相关说明				
编制人员		审核人员		审批人员
编制日期		审核日期		审批日期

第五节　西餐厨房常用文书与表单

一、蛋糕预订单

编号：　　　　　　预订员：　　　　　　　　日期：＿＿年＿＿月＿＿日

预订人		联系方式	
蛋糕规格		蛋糕形状	
取货日期		取货时间	
价格		预付订金	
具体要求			
1. 2. 3.			

二、西餐菜品定额成本卡

编号：　　　　　菜品名称：　　　　　　　　规格：

项目	名称	重量（克）	单价（元）	成本（元）	总成本	备注
主料						
辅料						
调味品						
特殊调味品						
总成本						

三、西餐厨房日安全检查表

日期：____年____月____日

检查内容	检查情况	备注
1. 水电关闭		
2. 煤气阀关闭		
3. 蒸汽柜、蒸汽锅关闭		
4. 烘烤箱关闭		
5. 冰箱、冷柜运转		
6. 消防器具定位		
7. 门窗关闭		

检查人：　　　　　　　　　　　　　　　　　时间：____时____分

四、西餐食品卫生检查表

日期：____年____月____日

项目 \ 操作点		冻房	热房	西饼房	项目 \ 操作点		冻房	热房	西饼房
食品污染变质问题	食品生虫				采购冰库冰箱卫生问题	采购食品未索证			
	食品发霉					未按类堆放			
	油脂酸败					未离地隔墙			
	食品有寄生虫					未挂牌注明			
	食品混有异物					上浆食品未用保鲜纸			
	食品污秽不洁					未定期化霜			
						冰库环境不清洁			
食品存放卫生问题	生食品与半成品				洗碗间卫生问题	洗涤消毒不符合要求			
	药品与食品					餐具不干净，有水迹			
	杂物与食品					餐具柜不清洁			
	食品无盛器					污物桶无盖，不密封			

（续）

项目／操作点		冻房	热房	西饼房	项目／操作点		冻房	热房	西饼房
个人卫生问题	工作衣帽不洁				洗碗间卫生问题	工具、用具消毒与没消毒的混放			
	不戴工作帽								
	戴戒指					制冰机无专人负责			
	在工作场所吸烟					制冰机上无消毒水			

检查人：   时间：＿＿时＿＿分

第六节 西餐厨房服务质量提升问题解决方案

一、西餐厨房食品保藏方案

标　　题	西餐厨房食品保藏方案		文件编号		版本	
执行部门		监督部门		考证部门		

一、目的

为了确保西厨房食品的保藏质量，做到存取有序，特制定本方案。

二、保藏原则

进入冷库的所有原料应按"定置管理"原则放在指定的位置，不允许随手放置。

三、保藏实施

1. 应用承接盘放置易融化、有血水或液体的食品，并归类上架放置。较重的食品放在下面，常用的食品放置在易取之处。

2. 取用冷藏食品时，遵守"先进先用"的原则，保证食品新鲜。

3. 所有冷菜应用保鲜膜封好后放入冷藏箱冷藏。

4. 存取食品应集中进行，尽量减少开启冰库（箱）的次数，以保持冷库的冷藏效果。

5. 掌握各类食品原料及食品存放的期限，见下表。

(续)

各类食品原料及食品存放期限一览表			
类别	存放期限	类别	存放期限
蔬菜	不超过 2 天	新鲜的鱼虾	在加工以后不宜冷冻，一般情况下要在 2 天内用完
新鲜的鸡蛋	不超过 1 周	熟食、半成品	不超过 2 天

6. 所有放置食品的冷库、冰箱一律不允许存放非食品性原料。

四、保藏责任和检查

1. 西厨厨师长负有食品保藏情况的检查和督导责任，并承担造成食品变质、浪费的责任。

2. 行政总厨办公室每周组织一次各类食品储藏情况检查，并给予评价，对不符合要求者定时督促改进，对严重失职者开出罚单，提请人事行政部实施处罚。

相关说明	

二、西餐厨房常见事故预防方案

标　　题	西餐厨房常见事故预防方案		文件编号		版本	
执行部门		监督部门		考证部门		

一、目的

为了加强西厨房员工操作时的安全防范意识，采取必要的安全防范措施，随时预防各类事故的发生，西厨厨师长经研究，特制定本方案。

二、适用范围

本方案适用于西厨房常见的事故，包括割伤、跌伤、砸伤、扭伤、烧烫伤、电击伤等意外事故。

三、各类事故的预防措施

（一）割伤的预防

1. 割伤一般是由于不当或不正确使用刀具和电动设备造成的。

2. 割伤的预防措施主要包括以下九条。

（1）对西厨房内所有电器设备实行包机制，操作人员必须严守操作规程和安全制度，切实做到"谁用、谁管、谁养"。

（2）各操作点的厨师在操作时，注意力要集中，方法要正确，不得用刀指手画脚，不得将刀随意乱放，更不能拿着刀边走路边甩动膀子。

（续）

（3）在实际工作中，钝刀更易伤手，所以，所有切割用具都应当保持锋利。

（4）不要把刀放在操作台或砧板的边缘，以免滑落伤人；刀具一旦掉落，切不可用手去接拿。

（5）为加强刀具的管理西厨房会设置刀具柜和刀具架，上班时专人定点使用，下班后集中存放保管。

（6）清洗刀具时，要一件一件进行，切不可将所有刀具全部浸没在放满水的水池中。

（7）西厨房地面上如有破碎的玻璃器皿和陶瓷残片，要及时处理，并用工具清扫，不要用手去捡。

（8）安全使用机动设备。

①使用绞肉机时，必须有专用的填料器推压食品。

②清洗设备前，应先切断电源。清洁锐利的刀片时要格外小心，洗擦时要将抹布折叠到一定的厚度，从刀的中间部位向刀口擦拭。

（9）发现工作区域有暴露的坏皮角、金属丝头、铁钉之类的东西，要及时敲掉或取下，以免划伤人。

（二）跌伤和砸伤的预防

1. 跌伤和砸伤一般是由于西厨房内地面潮湿、油腻，行走通道狭窄，搬运货物较重等因素造成的。

2. 跌伤和砸伤的预防措施主要包括以下五条。

（1）合理安排生产流程，使生产作业线、垃圾清除线、餐具洗涤消毒线和出品传送线互不交叉、互不干扰，以防人员碰撞。清除所有行走道上的障碍物，在通道、阶梯拐弯处设置明显标志。

（2）厨房地面略呈龟背状倾斜，以便冲洗。在靠墙处设排水明沟，地面用防滑材料铺设。如发现地砖移动，要立即修理。排水沟隔渣铸铁栅要将水沟全部覆盖。

（3）工作区域及周围地面要保持清洁、干燥。油、汤、水洒在地上，要立即擦掉，尤其在炉灶操作点。

（4）各操作点厨师及西厨房其他工作人员的工作鞋要具有防滑性能，不得穿薄底鞋、已磨损的鞋、高跟鞋、拖鞋、凉鞋开展工作，要系紧鞋带，严禁在厨房内跑跳。

（5）不得把较重的箱子、盒子置于高处，存取高处物品时，应使用专门的梯子。

（三）扭伤的预防

1. 扭伤大多是由于搬运重物的方法不正确而引起的。

2. 扭伤的预防措施主要包括以下四条。

（1）员工应使用正确的方法或技巧搬运物品、装卸物品。

（2）搬物前，要站稳脚跟，保持腰背挺直，不要向前倾斜或向侧面弯曲。举重物时要缓缓举起，使所举物件紧靠身体，不要骤然猛举，以免受伤。

（3）从地面取物时，膝盖弯曲，全身重心放在腿部而不要放在腰背部。

（4）搬运物品切忌超负荷，超重物品要用手推车运送或请同事帮助。

（续）

（四）烧烫伤的预防

1. 烧烫伤主要发生在炉灶操作点。

2. 烧烫伤的预防措施主要包括以下十条。

（1）在烤、烧、蒸、煮等设备的周围应留出足够的空间，以免因空间拥挤、不及避让而烫伤。

（2）在拿取温度较高的烤盘、铁锅或其他物品时，手上应垫上一层厚抹布。

（3）撤下的热烫烤盘、铁锅等工具，应及时予以降温处理，不得随意放置。

（4）在使用油锅或油炸炉时，特别是当油温较高时，不能有水滴入油锅，否则热油飞溅，极易烫伤人。热油冷却时，应单独放置并设有相应标志。

（5）使用烤箱、蒸笼等加热设备时，应避免人体过分靠近炉体或灶体。从蒸笼内拿取食物时，首先应关闭气阀，打开笼盖，让蒸汽散发后再使用抹布拿取，以防被热蒸汽灼伤。

（6）在炉灶上操作时，应注意用具的摆放。炒锅、手勺、漏勺、铁筷等用具，如果摆放不当极易被炉灶上的火焰烤烫，造成烫伤。

（7）在烹制时，要正确掌握油温和操作程序，要防止油温过高和原料投入过多，否则，油溢出锅流入炉膛使火焰加大，极易造成烧烫伤事故。

（8）在端离热油锅或热火锅菜时，要提醒其他员工注意避开，切勿碰撞。

（9）清洗高温设备时，必须待其冷却后再进行。

（10）严禁在炉灶间和热源处嬉戏打闹。

（五）电击伤的预防

1. 电击伤一般是因为不当或不正确操作电器设备造成的触电事故。

2. 电击伤的预防措施主要包括以下五条。

（1）电源装置必须在距离地面1.5米以上靠墙壁安装，电器设备必须装有安全的接地线。

（2）使用电器设备前，首先检查设备的安全状况，如闸盒、线路接头、绝缘状况是否良好，有无损伤、脱落或老化现象，使用中发现异常应立即切断电源，请专职电工检修。

（3）严禁湿手接触电源插座和电源设备。

（4）清洁电器设备时，要先切断电源再操作。

（5）禁止厨房工作人员对电路和设备擅自进行拆卸维修，已有隐患的设备要立即送修。

相关说明	

岗位职责
+
绩效标准

工作程序
+
关键问题

执行技巧
+
解决方案

常用文书
+
工作表单

第九章

管事处精细化管理

第一节 管事处岗位职责描述

一、管事处岗位设置

管事处岗位设置	人员编制
餐饮部经理 → 餐饮部副经理	部门经理级 ——人
管事经理	经理级 ——人
管事领班	主管级 ——人
洗碗工 物资管理员	员工级 ——人

二、管事经理岗位职责

岗位名称	管事经理	所属部门	餐饮部管事处	编 号	
直属上级	行政总厨	直属下级	管事领班	晋升方向	
所处管理位置	行政总厨 —— 西厨厨师长 / 中厨厨师长 / 管事经理 —— 管事领班				

（续）

职责概述	在行政总厨的领导下，负责管事处的日常管理，督导管事处员工按工作规范完成餐具、器皿的清洗、盘点、保管等工作	
职　责	**职责细分**	**职责类别**
1. 管事处制度建设	（1）负责建立、健全管事处的物品存储、物品盘点等制度，并督导实施	周期性
	（2）负责建立、健全管事处的工作流程与工作规范，并督导实施	周期性
2. 管事处日常管理	（1）督导管事领班、洗碗工及物资管理员的工作	日常性
	（2）负责管事处的洗碗机、银器打磨机等设备的配备申请	特别工作
	（3）协助人事行政部做好洗碗机、银器打磨机等固定资产的建档工作	日常性
	（4）及时与各营业点经理沟通，根据营业情况提供足量的餐具	日常性
	（5）负责审核餐具、用具及清洗用品申领单，并组织做好申领补充工作	日常性
	（6）控制、盘点各种器皿的数量，根据各营业点的损耗基数定期补充	周期性
3. 员工管理	（1）协助人事行政部做好管理处员工的培训工作，提高管事人员的素质	日常性
	（2）安排领班的班次，并负责管事领班的日常考勤工作	日常性

三、管事领班岗位职责

岗位名称	管事领班	所属部门	餐饮部管事处	编　号	
直属上级	管事经理	直属下级	管事处工作人员	晋升方向	
所处管理位置					

管事经理

管事领班

洗碗工　　　物资管理员

（续）

职责概述	在管事经理的领导下，负责管事处的日常工作安排，控制工作过程中的各项支出，支援酒店各营业点的工作	
职　　责	职责细分	职责类别
1. 安排、检查管事处员工的工作	（1）安排、检查员工按照工作规范清洗、摆放各种餐具、服务用具等	日常性
	（2）安排员工按规范对管事处的各种设施、设备进行清洗和保养	日常性
	（3）做好管事处员工的考勤监督及考勤统计工作	日常性
2. 餐具与清洁用品管理	（1）巡视各营业点及管事处，发现员工易造成餐具、用具破损的行为或操作应及时予以纠正	日常性
	（2）负责填写"清洁用品申领单"，报管事经理处审核后负责申领工作	日常性
	（3）监督洗涤剂、消毒剂的使用与调配，严格控制此类易耗品的支出	日常性
	（4）在财务部相关人员的指导下，定期做好餐具、器皿的盘点工作，及时汇报餐具、器皿的短缺、损坏情况	周期性
	（5）清理、回收破损的餐具、器皿，并登记造册	特别工作

四、洗碗工岗位职责

岗位名称	洗碗工	所属部门	餐饮部管事处	编　　号	
直属上级	管事领班	直属下级		晋升方向	
所处管理位置					

管事领班

洗碗工　　　物资管理员

（续）

职责概述	服从管事领班的安排与指令，按照工作规范完成餐具及服务用具的清洗、消毒、摆放与运送工作，并负责银器的保养工作	
职　责	**职责细分**	**职责类别**
1. 清洗、消毒餐具、服务用具	（1）听从管事领班的指令，严格按照餐具清洗的流程与规范清洗，给餐具与服务用具消毒	日常性
	（2）对不锈钢和银质的餐具及用具进行保养、抛光处理	日常性
2. 运送、摆放餐具、服务用具	（1）负责将消毒后的餐具与服务用具归类，整齐地摆放到保洁柜或库房	日常性
	（2）在餐具的清洗、搬运过程中轻拿轻放，减少损耗	日常性
3. 其他相关工作	（1）在管事领班的指导下负责挑出破损的餐具、用具，并进行补充	日常性
	（2）清理所负责区域的垃圾，并更换管事处相关操作点的垃圾桶	日常性
	（3）在管事领班的指导下，做好管事处各项设施设备的清洁、日常保养与维护工作，保证其正常使用	日常性

五、物资管理员岗位职责

岗位名称	物资管理员	所属部门	餐饮部管事处	编　号	
直属上级	管事领班	直属下级		晋升方向	
所处管理位置					

管事领班

洗碗工　　　　物资管理员

（续）

职责概述	服从管事领班的安排与指令，按照物资管理工作规范完成管理处库房物资入库、分类摆放、保管、发放与盘点等工作	
职　　责	职责细分	职责类别
1. 库房物资入库、分类保管及发放工作	（1）负责将管事处库房内现有的以及新入库的餐具、服务用具、清洁用品等进行统计造册，确保账实相符	日常性
	（2）负责餐饮库房的餐具、服务用具及管事处清洁用品的分类保管与整理工作	日常性
	（3）严格按物资出库手续把好库房关，及时催收各营业点所借用的物品	日常性
	（4）根据客情通知单中的餐位数量，提前配备好所需的餐具及服务用具，待各营业点来人领取时，做好出库手续登记	日常性
2. 库房物资盘点、统计工作	（1）定期盘点库房内的餐具及服务用具等，一旦发现低于安全库存，应及时上报管事领班，以便及时申购	周期性
	（2）负责统计各营业点的餐具及服务用具的损耗情况，计算出损耗率并上报管事领班	特别工作
3. 库房安全与清洁工作	（1）做好管事处库房的消防安全与防盗、防窃工作，确保库房物资安全	日常性
	（2）做好库房的卫生清洁工作，保证在库物资的清洁卫生	日常性

第二节 管事处岗位绩效考核量表

一、管事经理绩效考核量表

序号	考核内容	考核指标及目标值	考核实施	
			考核人	考核结果
1	协助建立洗碗机、银器打磨机等固定资产的档案	固定资产的建档完整率达100%		
2	提供数量充足的餐具	各营业点餐具、用具不齐现象发生率控制在____%以下		
		各营业点所领餐具、用具不合格率控制在____%以下		
3	督导管事处员工的工作	管事处员工工作不符合规范的人次不超过____人次/月		
4	督导实施员工培训计划	员工培训计划按时完成率达____%		

二、管事领班绩效考核量表

序号	考核内容	考核指标及目标值	考核实施	
			考核人	考核结果
1	安排、检查员工清洗餐具、用具	管事处的餐具、用具卫生达标率达____%		
2	及时向各营业点提供营业用的餐具、用具	各类餐具、用具提供及时率达____%		
3	督导员工按规范操作，清洗餐具、用具	餐具损耗率控制在____%以内		
		洗涤剂、消毒剂节约率达____%		

三、洗碗工绩效考核量表

序号	考核内容	考核指标及目标值	考核实施	
			考核人	考核结果
1	按规范清洗餐具及服务用具	餐具及服务用具的卫生达标率为____%		
		餐具及服务用具因不当操作造成的损耗率控制在____%以内		
2	维护、清洗管理处的设施、设备	设施、设备的正常使用率达____%		
3	清理所负责区域的卫生	所负责区域的卫生达标率为____%		

四、物资管理员绩效考核量表

序号	考核内容	考核指标及目标值	考核实施	
			考核人	考核结果
1	保管餐饮库房内的餐具及服务用具	餐具、服务用具的摆放方便拿取，符合酒店要求		
2	检查入库的餐具及服务用具	库内物资合格率达____%		
3	负责库房物资的入库、出库手续办理，并及时登账	物账不符率控制在____%以内		
4	负责统计、计算各营业点的餐具及服务用具的损耗率	各营业点餐具及服务用具损耗率计算准确率达____%以上		

第三节　管事处工作程序与关键问题

一、餐具清洗程序与关键问题

餐具清洗工作程序	工作目标
开始 ① 配制清洗液 刮去残留污渍 清洗油污 分类装筐 ② 放到洗碗机里清洗 消毒 擦拭干净 ③ 放入保洁柜或入库 结束	1. 按照餐具清洗工作规范开展工作，清洗出的餐具干净、整洁、无残留、无污迹 2. 餐具洗涤液、消毒液损耗节约率达____%
	关键问题点
	1. 配制的清洗液包括去污液与消毒液，配制时注意按照配方配制，并在使用时注意节约 2. 用洗碗机清洗时应注意以下事项 　（1）筐具要推入到洗碗机的 1/3 处 　（2）清洗餐具时的温度要求 　　　预洗：40℃～50℃ 　　　主洗：60℃～65℃ 　　　过水：85℃～90℃ 3. 餐具入库或放入洁柜时应注意以下两个事项 　（1）餐具要求干燥、无水迹、无污迹 　（2）餐具中的银具和不锈钢具须进行保养、抛光处理

二、洗碗机操作程序与关键问题

洗碗机操作工作程序	工作目标
开始 ↓ ① 检查并开电源、水掣 ↓ ② 注水并开启蒸汽 ↓ 将筐具放入洗碗机 ↓ ③ 检查温度并启动洗碗机 ↓ 选择洗涤开关开始清洗 ↓ 关机 ↓ ④ 清洗洗碗机 ↓ 结束	1. 严格按操作规范操作洗碗机，防止损坏洗碗机 2. 安全事故发生率控制在____%以内

关键问题点
1. 检查洗碗机时应注意以下两个问题 　（1）检查洗碗机内的胶帘是否放好 　（2）检查洗碗机的两扇门是否关好 2. 标示牌标明机内水满后，方能开启洗碗机的蒸汽 3. 启动洗碗机前，一定要检查洗碗机的温度表，只有达到规定温度方可启动洗碗机 4. 清洗洗碗机的步骤如下 　（1）需要将机内的所有配件（如胶帘、隔热器、喷臂等）一一拆下，并分别清洗干净 　（2）将洗碗机门打开，使其自然散热直至冷却 　（3）将机内的脏水排出，并将清洗干净的配件装回原位 　（4）关闭排水阀

三、铜器清洁工作程序与关键问题

铜器清洁工作程序	工作目标
 开始 ① 铜器清洁准备 用清水冲洗污物 ② 擦拭铜器 冲洗直至铜器不粘有铜膏 送入洗碗机消毒 存入铜器柜 结束	1. 保证铜器内部、表面均无污垢 2. 铜器表面美观、有光泽 **关键问题点** 1. 清洁铜器前应准备好下列用品 　（1）海绵、干净抹布、铜膏 　（2）胶皮防护手套 　（3）洗碗机 2. 擦拭铜器一般包括下列步骤 　（1）戴上胶皮防护手套 　（2）用海绵蘸上铜膏，均匀地擦拭铜器

四、银器清洗及抛光程序与关键问题

银器清洗及抛光工作程序	工作目标
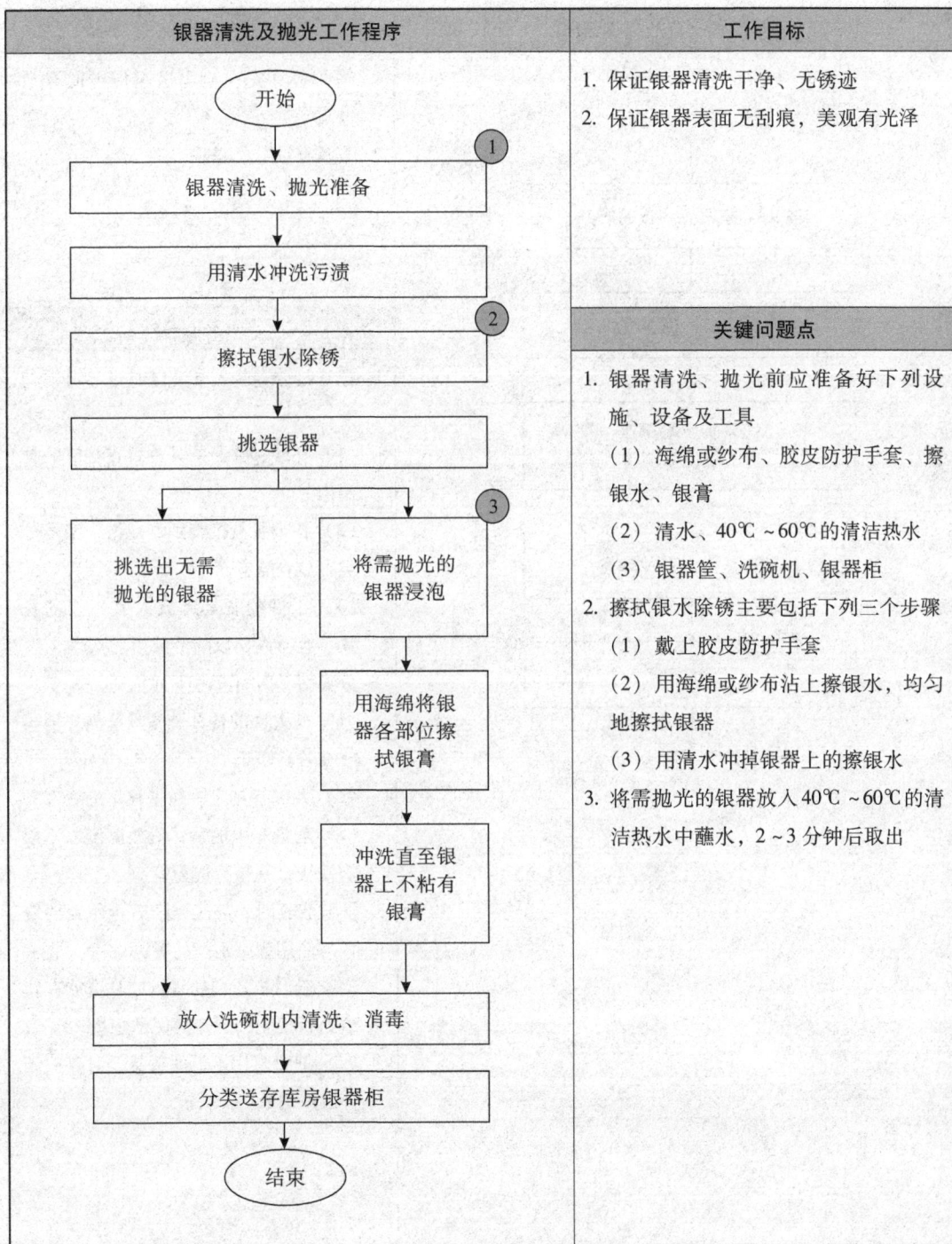	1. 保证银器清洗干净、无锈迹 2. 保证银器表面无刮痕，美观有光泽

关键问题点

1. 银器清洗、抛光前应准备好下列设施、设备及工具
   （1）海绵或纱布、胶皮防护手套、擦银水、银膏
   （2）清水、40℃~60℃的清洁热水
   （3）银器筐、洗碗机、银器柜
2. 擦拭银水除锈主要包括下列三个步骤
   （1）戴上胶皮防护手套
   （2）用海绵或纱布沾上擦银水，均匀地擦拭银器
   （3）用清水冲掉银器上的擦银水
3. 将需抛光的银器放入40℃~60℃的清洁热水中蘸水，2~3分钟后取出

五、餐具运送及存放程序与关键问题

餐具运送及存放工作程序	工作目标
开始 ↓ 收集、整理清洁过的餐具 ↓ ① 分类装入餐具筐 ↓ ② 把餐具及餐具筐分类装上餐具车 ↓ 运送至指定存放地点 ↓ ③ 分类摆放 ↓ 结束	1. 确保餐具安全地运送至指定的存放地点 2. 餐具存放分类正确

关键问题点

1. 把餐具分类装入餐具筐时可参考下列技巧

（1）杯子、普通茶具放置在相应的杯筐内

（2）各类餐具按类别、规格、型号分类存放在餐具车上

（3）小件的餐具可放入大一些的餐具、容器内，以降低破损的概率

2. 分类装车时可参考下列技巧

（1）把大件的餐具及餐具筐整齐地码放在餐具车上

（2）大件餐具应放在餐具车的底部

（3）餐具车上的餐具码放高度以不影响视线、平稳行进为宜

3. 摆放餐具时，需区分随时可用到的餐具与使用频率不高的餐具

（1）随时要用到的餐具应分类放在管事处货架上和厨房的保洁柜里

（2）把暂时用不上的餐具及时存放到餐具库内

六、餐具领用及发放程序与关键问题

餐具领用及发放程序	工作目标

餐具领用及发放程序

开始

↓

① 各营业点根据营业情况
提出餐具领用申请

↓

物资管理员受理申请单

↓

② 根据申请单准备餐具

↓

③ 送洗碗间二次清洗、消毒

↓

装车后送至申领营业点

↓

交营业点领班签收

↓

结束

工作目标

1. 严格办理餐具的领用及发放手续
2. 检查餐具的卫生情况，确保卫生符合相关标准

关键问题点

1. 各营业点提出餐具领用申请时，需注明餐具的类别、规格、型号及需求数量等
2. 物资管理员根据"餐具领用申请单"准备餐具
   （1）从相应的货架上取出餐具
   （2）参考"餐具运送及存放程序与关键问题"的第二、三步将餐具装筐、装车，以方便运送
3. 对存放时间较长的餐具，必须送到洗碗间经过二次清洗、消毒后，方可投入使用，以确保餐具符合卫生标准

七、清洁用品使用控制程序与关键问题

清洁用品使用控制程序	工作目标

清洁用品使用控制程序

开始

① 使用人提出领用申请

物资管理员登记、发放

② 定期统计、汇总

③ 评比

④ 控制库存量

结束

工作目标

1. 严格清洁用品的领用与发放手续，控制不合理支出
2. 清洁用品消耗节约率达____%以上

关键问题点

1. 清洁用品领用时，需履行下列手续
   （1）以班组为单位提出清洁用品的领用申请
   （2）物资管理员负责发放清洁用品，并予以登记、签字
2. 物资管理员负责每月统计、汇总各班组清洁用品的用量，结合采购单价计算出清洁用品花费总金额
3. 评比各班组的清洁用品使用量时，应结合各班组的任务量、任务完成效果，从以下两个方面予以评比
   （1）对任务量大、任务完成效果显著而又节约使用清洁用品的班组，提出表扬
   （2）对清洁用品耗用量较大的班组给予提醒，并帮助该班组分析、查找原因
4. 物资管理员根据清洁用品的安全库存量和每月的消耗量，及时开展清洁用品的申购与补充工作，减少库存积压，保证清洁用品的使用质量

第四节 管事处服务标准与服务规范

一、管事处工作质量标准

酒店餐饮部服务标准与服务规范文件		文件编号		版本	
标题	管事处工作质量标准	发放日期			

1. 管事处员工严格按照"员工手册"中的仪容、仪表规范要求自己。
2. 爱惜管事处的清洗设备、工具，保持其清洁、卫生。
3. 保持工作地面干净，整体环境整洁。
4. 清洗餐具时要轻拿轻放，严格控制损耗率。
5. 清洗后的餐具卫生、无污迹、无水迹，并分类摆放整齐。
6. 贵重的（如银质）餐具用具和易碎的（如瓷质）餐具用具要单独摆放，保证其安全。
7. 每日检查清洗设备，保证安全操作。
8. 从餐饮库房领取物品必须凭单，借出的物品，物资保管员要在两天之内收回。
9. 物资保管员须严把各类入库物资的质量关。
(1) 采购回的物资符合相应的标准。
(2) 保证进库物资干净、无损。
(3) 破损的餐具要单独摆放并做好记录。
10. 餐饮库房物品摆放整齐有序，账物相符，拥有防盗、防火装置。
11. 每周检查餐具、用品的使用情况，及时增补，防止短缺。
12. 每月进行一次餐具、用具的损耗统计，查明损耗过大的原因，并及时报相关领导解决。

签阅栏		签收人请注意：在此签字时，表示您同意以下两点内容。 1. 本人保证严格按此文件要求执行。 2. 本人有责任在发现问题时，第一时间向本文件审批人提出修改意见。	
相关说明			
编制人员		审核人员		审批人员	
编制日期		审核日期		审批日期	

二、洗碗间卫生清洁规范

酒店餐饮部服务标准与服务规范文件		文件编号		版本	
标题	洗碗间卫生清洁规范	发放日期			

1. 所有餐具、用具清洗必须按照"一刮、二洗、三入、四消毒、五保洁"的程序进行。
2. 清洗过的餐具、用具要求无污迹、无油渍、无残留食物。
3. 消过毒的餐具、用具与没消毒的不允许放在一起,防止交叉感染。
4. 保洁后的餐具、用具要求无污迹、无水迹、无异味,并做到抽检合格。
5. 食物残渣管道每天下班后清洗一次,要求畅通无异味。
6. 保洁柜每天清洗、消毒一次,要求干净、无异味。
7. 每天清洁洗碗间,要求地面干净,墙面整洁、无污迹。

签阅栏		签收人请注意:在此签字时,表示您同意以下两点内容。 1. 本人保证严格按此文件要求执行。 2. 本人有责任在发现问题时,第一时间向本文件审批人提出修改意见。	
相关说明			
编制人员		审核人员		审批人员	
编制日期		审核日期		审批日期	

第五节　管事处服务常用文书与表单

一、管事处请购单

编号:　　　　　　　部门:　　　　　　　日期:＿＿＿年＿＿＿月＿＿＿日

请购物品名称	规格	数量	单位	采购期限	用途	备注
金额总计						

请购人:　　　　　　　主管:　　　　　　　餐饮部经理:

二、物品收货记录单

编号：   日期： ___年 ___月 ___日

物品名称	规格/型号	单位	数量	供应厂家	总计	备注
收货总计						

经手人：   物资管理员：

三、餐具盘点明细表

编号：   日期： ___年 ___月 ___日

餐具名称	单位	单价	餐具总数	领用数	清点数	破损数	短缺数	备注
附：		盘点工作组人员名单						
1.								
2.								
3.								

餐饮部经理：   管事经理：   管事领班：

四、餐厨用具报损记录表

品名	规格	数量	单价	报损原因	报损时间	报损人

第六节　管事处服务质量提升问题解决方案

一、设施设备清洁方案

标　　题	设施设备清洁方案		文件编号		版本	
执行部门		监督部门			考证部门	

1. 洗碗机水垢清洁

（1）向水缸内注入清水，水面要求低于溢流管 5 ~ 8 厘米。

（2）开动加热器。

（3）往主流缸和过水缸中加入除垢剂。

（4）开动洗碗机，直至水垢消失。

（5）在水垢仍未除去的地方涂上除垢剂，用手铲铲除水垢，然后放水。

（6）再次开动洗碗机 5 分钟后放水，若仍有水垢，继续清除。

2. 烤炉清洁

（1）将烤炉温度升至 60℃。

（2）向烤炉上喷炉灶液。

（3）3 ~ 5 分钟后，用钢丝球或硬刷刷掉烤具上的油垢。

（4）用湿布蘸出溶解后的油垢、油污。

（5）用清水将烤架及烤炉内冲洗干净，并晾干。

3. 炉灶清洁

（1）关火降温。

（2）拿开炉灶上的食品用具。

（3）戴上橡胶手套后取下炉支和炉盘。

（4）向炉支和炉盘喷炉灶液。

（5）5 分钟后，用钢丝球或软布清理炉支和炉盘上溶解后的油污。

（6）用清水将炉支和炉盘冲净、擦干。

（7）将炉支和炉盘复位。

4. 清洗隔油池

（1）打开隔油池盖子后，用毛巾堵塞隔油池的出水管口。

（2）用小盆将隔油池水面上漂浮的油渣捞起，倒入垃圾桶。

（3）打开出水管口，将水放掉。

（4）用蘸上清洁剂的湿布将隔油池内部清洗一遍。

（5）用清水将隔油池内部清洗干净，放入约 50 克的消毒剂，然后将盖子盖好。

相关说明	

二、餐具破损控制方案

标　　题	餐具破损控制方案		文件编号		版本	
执行部门		监督部门		考证部门		

1. 目的

为了严格控制餐具的破损，降低餐饮部在餐具破损方面的支出，特制定本方案。

2. 减少破损的操作方法

（1）餐具、用具摆放时减少破损的方法如下。

①同类餐具，大餐具摆放到小餐具的下面。

②瓷器的摆放以运送平稳为标准，大瓷器摆在餐具车的底层为宜。

③杯具放在相应的杯筐里。

④筐具叠放时应插严四角，高度以不影响视线为标准。

（2）餐具清洗时减少破损的方法如下。

①在洗碗机上插取餐具时应轻取轻插。

②小餐具如垫碟、汤匙等应码放在平筐里清洗。

（3）餐具搬运时减少破损的方法如下。

①拿餐具时要适量，一般以抱起不超过下颌的高度为标准。

②餐具车行进时应保持平稳，以保护车上的餐具。

3. 餐具破损的监督控制

（1）管事领班巡视各营业点及管事处，发现员工有易造成餐具、用具破损的操作时应及时纠正。

（2）各营业点工作人员将餐具交到管事处时，须与管事领班签字交接，确认餐具的完好情况。

（3）管事领班将每天破损严重的餐具收集起来，并及时通知各部门经理及厨师长。

（4）管事领班如实记录每日各营业点餐具的破损情况。

（5）管事处人员将餐具交到仓库时，须与物资管理员签字交接，确认餐具的完好情况。

4. 编制破损餐具各类报表

（1）物资管理员将每日收回的破损餐具编制"破损餐具日报表"，并提交给管事领班。

（2）管事领班根据物资管理员所做报表和自己的记录定期制成报表，并提交管事经理。

（3）管事经理定期向餐饮部经理汇报破损情况，由餐饮部经理负责处理。

相关说明	